# MES TUTOS DE SORCIÈRE rayonnante

Kiwi éso
16, rue de Lancry, 75010 Paris



Direction : Édouard Frison-Roche
Direction éditoriale : Katia Kaloun
Couverture, création graphique et mise en pages : Charlotte Thomas


ISBN : 978-2-38410-012-5

MADEMOISELLE AUDRINA

# MES TUTOS DE SORCIÈRE rayonnante

KiWi ÉSO

# SOMMAIRE

# INTRODUCTION

Bonjour à toi, Sorcière, Sorcier,

Je suis ravie de te retrouver dans ce nouveau journal de sorcière.

Une nouvelle fois, merci d'avoir ouvert ce journal écrit avec sincérité et transparence. Dans *Mes tutos de sorcière bienveillante* (Kiwi, 2020), je me suis livrée sur mon quotidien de sorcière, ma vie de femme et mes tracas. C'est avec joie que je m'ouvre à toi dans ce nouvel ouvrage, dans lequel je vais, comme à mon habitude, mettre des mots sur des maux, des paillettes de joie dans un moment de vie, et dévoiler mes astuces et tutos.

Ma vision de la magie n'a pas changé, les énergies autour de moi se sont même amplifiées. J'ai appris de nouvelles choses, vécu d'autres tourments et de nouvelles étapes, de nouvelles joies et de nouvelles expériences de vie. Mais surtout : j'ai évolué.

Apprendre à lâcher prise, se recentrer, écouter son corps, comprendre… tant de choses qui me semblaient des plus superficielles, mais qui, au fil des mois ou des années, se sont révélées être de réels challenges.

Dans mon premier journal, j'évoquais cette énergie en nous, cette magie intérieure qui ne demande qu'à briller, sans songer un seul instant à la puissance de cette lumière, de ces flux énergétiques qui circulent. Oui, je maintiens mes dires, la magie est en nous, autour de nous : tout le monde peut être sorcière et sorcier.

J'ai appris à écouter mon cœur battre, à ressentir le sang circuler dans mes veines, à respirer à plein poumons, et aujourd'hui, je vais une nouvelle fois te partager Mes tutos pour t'inviter à me suivre dans cette folle aventure qu'est la vie.

Au cours des dernières années, j'ai reçu tant de messages de remerciements, de reconnaissance, pour mes premiers tutos. Je ne pensais pas un seul instant, alors que je me livrais et que la plume glissait sur le papier, que mes mots, mes maux, résonneraient chez tant de personnes. Qu'importe qui nous sommes, nous sommes tous et toutes confronté·es aux obstacles de la vie, à des étapes de parcours difficiles, et aux joies les plus immenses qu'offre cette folle aventure : la vie.

Vos retours sur mon premier ouvrage, mais aussi sur mon oracle (*L'Oracle de l'ombre et de la lumière*, Kiwi éso, octobre 2021, septembre 2022 pour la nouvelle édition), ont été de réelles potions de vie pour moi, des retours si bienveillants, emplis de lumière. Et je n'ai à ce jour qu'un seul mot : merci.

La vie n'est pas un long fleuve tranquille, rien n'est acquis et la plus grande des surprises peut surgir demain, lorsque tu ouvriras les yeux. Lors de notre balade sur ce long fleuve, nous rencontrons des tournants précipités, des rapides incontrôlables, ou simplement de légers mouvements d'eau qui nous laissent glisser paisiblement. La vie est ainsi faite ; alors, suis-moi une nouvelle fois au fil des pages, je me dévoilerai, avec magie, douceur, sincérité et soutien.

Je souris toujours quand le soleil me réchauffe le visage, et je pleure quand je suis en colère ou que mon émotion est trop grande pour être contenue dans ce corps. Mon hypersensibilité est toujours à mes côtés, suivie de mon anxiété. Ce sont mes deux partenaires de vie.

Je suis Mademoiselle Audrina, femme, sorcière, créatrice de magie. Bienvenue dans mon journal…

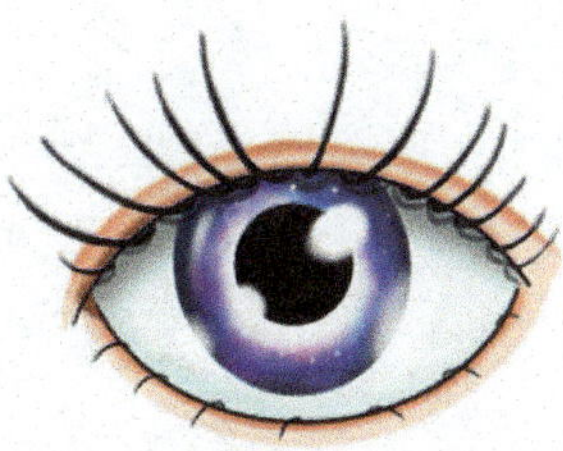

# Être une sorcière aujourd'hui

# ÊTRE OU NE PAS ÊTRE SORCIÈRE… TELLE EST LA QUESTION

Avant tout, sache que j'utilise le terme « sorcière » en prenant en compte le fait qu'il existe plusieurs types de sorcières : les wiccanes, les lucifériennes, les païennes, les traditionnelles, etc. Libre à chacune de se reconnaître dans la catégorie qui lui plaît le mieux, qui lui ressemble le plus, qui lui parle et l'inspire, ou simplement à celle qui correspond à la tradition dont elle hérite. Je te précise également que je vais parler des sorcières au féminin, et très rarement de sorciers ; ceci est mon journal, je suis une femme, je m'adresse principalement aux femmes. Cela n'empêche en rien aux hommes ou personnes non-binaires de lire cet ouvrage, il peut servir à tous !

Lors de la sortie de *Mes tutos de sorcière bienveillante*, j'ai reçu des messages, ou des échos, stipulant que, non, tout le monde ne pouvait pas être sorcière. Très intriguée par cette réaction, je me suis renseignée, j'y ai beaucoup réfléchi. Selon certain·es, la sorcellerie ne serait réservée qu'à certaines familles, qu'à certaines lignées de femmes.

Étonnant, voire déroutant. Certes, certaines traditions, certaines cultures ou certains rites se transmettent de génération en génération. Mais de nouvelles naissent au cœur de chacun et chacune de nous, et ce, tous les jours. Il n'est pas nécessaire d'avoir hérité de la sorcellerie pour la pratiquer !

# LA SORCIÈRE DES TEMPS MODERNES

On entend souvent l'expression « sorcière des temps modernes » : la sorcellerie est-elle une mode de passage ? Une vraie croyance ? Un réel mode de vie ? Pourquoi « moderne » ? Il est vrai qu'aujourd'hui internet, en particulier les réseaux sociaux, nous offrent sur des plateaux d'argent des informations en tout genre pour une « bonne pratique de la sorcellerie » ou « comment être une bonne sorcière ». Mais quand on me demande si je suis une sorcière « moderne » je suis des plus dubitatives. Je ressens toujours ce mot négativement, comme si cela ne faisait pas de moi une « vraie sorcière ». Pourtant, au fil des mois, des années, des pratiques, je peux dire que, oui, je suis une sorcière moderne, non pas parce que je renie toutes les anciennes pratiques, mais parce que j'utilise les nouvelles techniques, plus récentes, afin d'enrichir mes connaissances, mes rituels et autres. Je suis moderne parce que je suis une sorcière d'aujourd'hui.

Une sorcière est avant tout, pour moi – oui, je me répète inlassablement –, cette personne qui a pris conscience de son pouvoir et qui utilise tout ce qui est autour d'elle afin de faire vibrer ses énergies et celles qui l'entourent. Il peut s'agir du fait d'utiliser des plantes du jardin pour soulager un mal physique, ou de pratiquer la cartomancie pour guérir ou mettre en lumière une partie d'ombre en nous (tu penses à mon *Oracle de l'ombre et de la lumière*, et c'est exactement ça !).

Une sorcière moderne, finalement, utilise les pratiques ancestrales, les pratiques récentes, et crée à son tour ses propres pratiques. Le tout est d'avoir une bonne connaissance et un respect profond pour tout ceci.

Je n'ai plus peur de dire que je suis une sorcière moderne. J'ai de vieux livres de magie, chinés dans les vieilles librairies et brocantes, dans lesquels j'aime me plonger. J'arpente les forêts afin de trouver les ingrédients pour certains de mes rituels. À côté de cela, j'utilise internet, les réseaux sociaux pour inspirer de nouvelles richesses, accroître mes connaissances, faire de nouvelles rencontres. Par exemple, j'ai découvert la magie des sites astrologiques (Evozen, Astrothème) pour connaître son thème astral, savoir comment étaient placées les planètes à ma naissance, et ainsi comprendre le dessin étoilé de mon histoire. Les réseaux sociaux sont aussi très intéressants pour obtenir quelques informations et des inspirations sur ce que font mes consœurs, même s'ils sont à utiliser avec parcimonie (une amie à moi) et avec recul. Tout ce qu'on peut voir sur les réseaux et internet n'est pas parole d'évangile (ce terme, dans la bouche d'une sorcière, peut être cocasse !). La pratique de certain·es autres n'est peut-être pas adaptée pour nous, en fonction de nos valeurs, nos idées, etc. Qui plus est, je mets un point d'honneur à valoriser la bienveillance dans la magie. Je n'utiliserai jamais la sorcellerie pour nuire à une personne, quelle qu'elle soit. Je pratique une magie bienveillante. La magie noire peut être pratiquée pour se défaire de quelque chose, de quelqu'un, pour échanger avec les défunts, etc., en soi, même une magie noire peut être utilisée avec bienveillance (eh oui, on évolue !).

La magie, la sorcellerie, n'est donc en rien une mode pour moi, et je pense que les puristes n'ont aucun souci à se faire, celles et ceux qui se revendiquent sorcières ou sorciers sous l'effet de mode, que cette culture et cette croyance engendrent et attirent, se verront vite arrêter. Quand ça résonne en nous, c'est viscéral. Et si certaines personnes ont besoin de cette pratique pour seulement quelque temps dans leur vie, quelques mois, ou juste une fois, eh bien soit, je suis ravie que ça leur parle et leur fasse du bien. N'est-ce pas le principal ?

Aujourd'hui, je ne pourrais plus me passer de la sorcellerie. Elle a toujours fait partie de moi : petite, déjà, je « jouais » à la sorcière et je parlais aux individus qui « erraient » dans ma chambre. Je sentais cette énergie folle autour de moi, celle des lieux, des individus. En bref, la sorcellerie s'est imposée à moi il y a fort longtemps. À l'époque, je la pratiquais sans mettre un nom sur ce que j'étais et ce à quoi j'aspirais ; je sais aujourd'hui que je suis « Audrina, sorcière bienveillante » (oui, oui, je m'appelle bien Audrina).

Aujourd'hui, j'ai l'impression que le terme « sorcière » regroupe énormément de courants : tant des personnes en marge qui ne se retrouvent nulle part, tant des individus qui ont ce besoin de trouver un groupe avec lequel échanger et partager, tant une « mode » dans laquelle certains et certaines trouvent un certain réconfort.

Auparavant, les sages-femmes et guérisseuses, qui n'avaient pas de descendance, transmettaient le flambeau à de nouvelles recrues plus jeunes, qui elles-mêmes apprenaient les rites et pratiques afin de perpétuer le savoir. Mais ces dernières n'étaient pas pour autant filles de grandes sorcières, de grandes familles de savants magiques. Tout le monde peut avoir des connaissances en botanique, en cartomancie, en astrologie et en tout autre pratique magique.

# UN PEU D'HISTOIRE…

La magie existe depuis toujours. Dans l'Égypte antique, les magiciens ne faisaient pas que réciter des formules magiques ou autres incantations : rappelons-nous que certains possédaient ces bâtons, appelés aussi baguettes, qu'ils transformaient en serpent, tout comme ils transformaient l'eau en vin. Les dix malédictions sont peut-être de l'ordre du mythe religieux, des croyances, mais n'en déplaisent à certains : la magie était déjà présente. Dans les religions juive et musulmane, par exemple, la magie était très liée au culte : le port d'amulette de protection était déjà très commun pour se protéger du mauvais œil et des mauvaises énergies.

En Grèce antique, les pythies et autres sorcières sont entrées dans la ronde. Selon les croyances, les magicien·nes étaient les seul·es à pouvoir communiquer avec les divinités, à pouvoir transmettre des messages et prédire l'avenir. Circé, par exemple, était une très – très – grande sorcière, et reste l'une des plus légendaires. Entre puissance féminine et magie, elle disposait de grands pouvoirs, maîtrisait la concoction de poisons et d'élixirs de métamorphose, et possédait une immense connaissance en botanique. Elle a souvent fait plier les hommes. Lors de sa rencontre avec Ulysse, Circé utilise de la stramoine, une plante extrêmement toxique, avec une incantation, afin de transformer ses hommes en porcs. Très grande sorcière, sa nièce, Médée, possède elle aussi une vaste connaissance des plantes et de leurs substances actives. À elles deux, elles forment un duo extrêmement puissant de sorcières.

Dans la Grèce antique, la guérison était forcément d'ordre magique. Les maux étaient causés par la foudre des divinités, et l'on préparait des concoctions magiques afin de se défaire de leurs tourments. Les dieux étaient les grands créateurs de la magie qui nous entourait.

Dans d'autres cultures antiques, la magie était tout aussi présente. À Rome, par exemple, les joueuses d'osselets ou tireuses de dés étaient de grandes magiciennes. Elles tiraient les oracles avec leurs osselets et dés, et prédisaient ainsi l'avenir.

Ainsi, la magie est partout dans le monde depuis la nuit des temps. Héritières de grandes lignées, diseuses de bonne aventure, prêtresses ou guérisseuses : les sorcières et magiciennes sont partout autour de nous.

## ALORS, TOUT LE MONDE PEUT ÊTRE MAGIQUE ?

L'univers de la magie a toujours eu une grande place dans ma vie. Toute petite, déjà, je savais que des énergies nous entouraient : je parlais au monde, à l'Univers, en leur demandant des petits services (la petite qui ne perd pas le nord, tout de même). Je pensais avec assurance que des « anges gardiens » nous protégeaient et nous guidaient au quotidien. Ce qui est le plus étonnant, c'est que je n'ai jamais réellement su d'où cela pouvait venir, je suis née dans une famille non croyante, je ne suis pas baptisée (hou la la !). En soi, je suis ouverte à toutes les religions et toutes les croyances. Depuis petite, lorsque je rentre dans une église, une chapelle, une cathédrale ou autre, je sens l'énergie puissante que ces lieux dégagent. Croyant·e ou non, on ne peut nier les sensations énergétiques.

En grandissant, je percevais des choses, des sensations, parfois plus concrètes que d'autres. La matriarche de la maison avait déjà créé une ambiance particulière. Passionnée de vampires, de sorcières et de cet univers sombre, j'ai très vite été baignée dedans. Curieuse, je dévorais les livres en tout genre de la bibliothèque de cette dernière. Malgré ma relation tendue et conflictuelle avec cette « mère », je m'intéressais à tout son monde en espérant un retour d'affection, un lien, qui ne viendrait jamais.

Jeune adulte, j'ai laissé tout cet univers et mes croyances de côté pour me concentrer sur mes études, mon travail et mes histoires d'amour (jamais des plus simples !).

Quelques années plus tard et suite à de grands changements dans mon existence, la sorcellerie s'est de nouveau présentée dans ma vie, avec plus de douceur et de nouvelles découvertes – cartomancie, lithothérapie, pendule, etc. – pour m'apporter comme une sensation de sérénité. Je connais tout cela, j'adore ces pratiques et je m'y retrouve pleinement.

Pour autant, ces croyances et convictions ne sont en rien partagées par ma famille, mes amis, mes compagnons, etc. Ils acceptent tous, mais n'y croient absolument pas. Il a donc été difficile pour moi de pratiquer ma magie et mes petits rituels à la vue de tous. Je me devais donc de procéder avec discrétion et subtilité.

Dans mon appartement, mon intérieur avait une décoration soignée, jolie – je ne suis peut-être pas objective sur ce point… – et discrète. Juste un signe de protection glissé au-dessus de ma porte d'entrée, du sel dans les coins des pièces et une petite pierre à l'entrée. Je jouais sur la sobriété et la discrétion afin de ne pas mettre mal à l'aise mes invités, ne pas crouler sous une avalanche de questions en tout genre – auxquelles je n'ai parfois pas de réponses : non, parfois, ce que je fais n'a pas d'explication rationnelle, je le fais parce que je le ressens ainsi. Mes amies connaissaient très bien mon univers, mais, allez savoir pourquoi, je me sentais toujours timide et parfois illégitime de pratiquer la sorcellerie. Et pourtant, tout le monde peut être sorcière ! Osons créer notre univers.

Vous vous doutez donc qu'il a été difficile pour moi de mettre un autel de sorcière dans mon salon : lorsque je l'ai fait, je n'arrêtais pas de l'enlever, de le déménager, voire de le dissimuler. De le rendre plus discret. Rien de bien confortable, je le conçois parfaitement. Je devais, de ce fait, me créer un petit autel discret, et même transportable !

J'avais en tête de me créer cette petite boîte portative, à ouvrir en cas de besoin ou avant un rituel, pour poser une intention ou simplement pour le regarder, l'admirer. Aimant bouger et découvrir des coins de nature, j'ai fait de cette petite boîte mon indispensable. Il s'agit d'une jolie boîte en métal argenté, qui contient mes essentiels de magie. Je ritualise les moments pendant lesquels je l'ouvre. À l'intérieur, j'ai disposé des pierres, notamment un œil-de-tigre et une améthyste, qui sont de loin celles que j'utilise le plus souvent. J'y mets aussi mon pendule en améthyste et mes pierres de chakras, une petite bougie blanche pour le rituel d'intention, de nouvelle et de pleine lune, mes fioles « intentions du moment », du gros sel pour la purification et la protection, un petit bois de palo santo pour la fumigation lors de rituels, une feuille de laurier, et surtout des petites choses magiques que je récolte au fil de mes voyages, sorties et balades diverses : des coquillages et galets de Picardie, chez mes grands-parents chéris, un trèfle à quatre feuilles, une pomme de pin ramassée pendant mon *shinrin yoku*, et d'autres trouvailles…

# CRÉE TON AUTEL MOBILE

L'autel est un espace sacré et consacré. Il sert de socle magique pour tes rituels, pour poser tes intentions. Il peut être dans un coin de ton salon, de ta chambre, à la vue de tous ou isolé, suivant tes envies, tes ressentis.

Tu n'oses pas placer chez toi ton autel de sorcière, à la vue de tous ? Ta chambre est peut-être partagée, trop petite ou non adéquate ? Tu peux créer, comme moi, un autel mobile, sous forme de boîte.

- Dans un premier temps, choisis une boîte, une malle, une pochette, un réceptacle dans lequel tu glisseras tes essentiels. Choisis un format qui te convient : si cette boîte est destinée à rester chez toi, tu peux la choisir grande, et en prendre une plus petite de voyage, par exemple.
- Tu peux customiser cette boîte selon tes envies, dessiner, coller des stickers (tu en trouveras dans ma boutique en ligne !), mettre de jolis rubans. Tu peux aussi la laisser dans la plus belle des sobriétés. Elle doit être unique et à ton image.
- À l'intérieur, glisse tous tes indispensables de magie, par exemple :

- ton oracle favori (*L'Oracle de l'ombre et de la lumière*, peut-être ?), des pierres dont tu as besoin et avec lesquelles tu pratiques en ce moment ;
- des bougies – blanche pour la protection, noire pour te libérer, jaune pour l'optimisme et la joie, verte pour la chance, etc. Bien sûr, libre à toi de te réapproprier les couleurs. Par exemple, j'adore utiliser le bleu pour la paix et le calme, et le vert pour l'ancrage ;
- un petit bois de palo santo, un bâton de fumigation ou un encens, pour la purification, le nettoyage de tes rituels. Tu peux y placer un bâton de fumigation que tu crées toi-même, suivant les plantes appropriées au rituel en question ;
- un bol tibétain ;
- des éléments ramassés durant tes balades, qu'il s'agisse de petits cailloux, de pommes de pin recueillies lors de bains de forêt, de belles feuilles…

Glisse cette boîte à l'abri des regards, ou en guise de décoration, chez toi, et ouvre-la dès que nécessaire, tel un trésor, afin d'en admirer les précieuses reliques, d'y prendre l'énergie nécessaire.

Il est normal que ton autel varie en fonction des saisons, de ton humeur et de tes besoins. À présent, à toi de jouer !

« Je suis une sorcière
Je vis au rythme des saisons
J'évolue avec elles.
Mon père est le soleil
Ma mère est la lune.
Je crée mes remèdes
avec ce que m'offre la nature.
Je protège mon foyer
de sel et pierres dispersés
des symboles dessinés
pour une meilleure protection.
J'utilise les énergies
pour avancer et m'entourer.
Je profite des rayons de lune
pour préparer mes meilleures potions
,des filtres en fioles
pour une abondance folle.
Je tire une carte d'oracle
pour mettre en lumière une part d'ombre.
Je tiens ce pendule
qui m'indique la bonne direction.
Une lune décroissante
pour me libérer de maux.
Un rayon de soleil
pour amplifier mon énergie.
Un quartz dans la chambre
pour dormir sereinement.
J'utilise la magie autour de moi.
Je suis sorcière.
Audrina »

# Autel en boîte

# Éléments de la nature sur mon autel

# ÊTRE UNE
# FEMME

## FAIRE FACE À LA PRESSION SOCIALE

Être sorcière, être femme, être mère… Bien que, dans certaines civilisations, être une femme soit un réel atout, dans la plupart, et notamment la nôtre, la femme ne semble être destinée qu'à remplir un devoir conjugal ; procréer et élever. Hérésie. La femme doit être remise à sa juste place, avec l'immense pouvoir qu'elle possède. Dans *Mes tutos de sorcière bienveillante*, je ne cachais en rien ma vision de la féminité, ce que je pensais de la position de la femme dans la société et mon entrain à devenir plus femme chaque jour.

Mais, être femme, qu'est-ce donc ? Pour beaucoup, cela signifie créer la vie, la donner et s'occuper de sa progéniture. Personnellement, je tends vers d'autres aspirations.

Et ce statut de mère ? Durant de longues années, la relation mère-fille fut une chose totalement étrangère pour moi. Quand certaines de mes amies me parlaient de leur relation fusionnelle avec leur mère, je tentais en vain de comprendre quelque chose d'inconnu. Mais faire le lien avec une chose fictive est des plus difficile.

Être mère n'a jamais été une envie vitale pour moi. Alors que ma meilleure amie a ce souhait depuis notre enfance, moi, je rêvais d'aventure, d'évasion, de folie. Certaines et certains diront : « Mais ce n'est pas incompatible ! » Demandez à une femme seule, avec un enfant, si elle voyage autant que ce qu'elle souhaiterait, si toutes ces matinées ne sont que repos et si elle peut faire tout ce qu'elle désire sur un coup de tête.

À défaut de porter la vie, je souhaite la vivre. C'est un choix égoïste pour certains, mais j'aimerais vivre ma vie, accompagnée de moi-même. Je suis cette femme spontanée qui, à peine les yeux ouverts, prend son sac et décide d'aller où l'envie la porte. Seule, c'est d'autant plus simple.

Pour autant, lorsque Madame Endométriose a enfin été diagnostiquée chez moi, ce questionnement de l'enfantement s'est réellement posé. En avais-je envie ? Si je ne pouvais jamais porter la vie, serais-je malheureuse ? Était-ce le « sens de la vie » dont beaucoup de femmes parlent ? J'ai ainsi pensé à toutes ces femmes qui ne souhaitent que ça, avoir des enfants, pour qui c'est un réel besoin vital. Je pensais à toutes ces femmes qui rêvent de grossesse.

La grossesse n'a jamais – ou que très faiblement – été un désir pour moi. Une certaine forme de peur, de gêne, est même fortement présente.

Je veux vivre ma vie… C'est-à-dire, Audrina ? Dans cette vie, beaucoup de tourments sont présents, des tumultes en tout genre. S'occuper de soi est déjà chose difficile pour moi.

Une enfance délicate, une adolescence extrêmement traumatisante et un début de vie adulte des plus douloureux, alors, à quoi j'aspire à présent ? À me lever et vivre pleinement chaque minute avec moi-même. Je rêve de départs spontanés sur un coup de tête, de réveils tardifs, de nuits calmes ou en folie quand l'envie m'en prend, de rencontres soudaines, de créativité tardive et de tant d'autres choses. Je rêve de m'occuper de moi, de prendre le temps de m'occuper de ma santé, tant physique que mentale, de répondre à mes besoins, mes envies, mes attentes. Il n'est pas évident et chose aisée de s'occuper de soi quotidiennement. Alors, ai-je l'envie, la force et le courage de donner ma vie, mon énergie et mon quotidien à faire tout ceci pour une autre personne ?

Dans mes relations, et à cause de cette tendre ennemie qu'est la dépendance affective, j'ai déjà tendance à tout donner à mon partenaire, à faire passer ses envies, ses besoins, ses doutes et craintes avant mon propre bonheur. Cela, je peux vite y remédier, en mettant fin à la relation et en reprenant le contrôle de ma vie (Ah, ce besoin de contrôle : merci, l'anxiété). De ce fait, je ne me vois pas avec un petit être lié à moi, jour et nuit, pour le reste de ma vie.

J'ai peut-être aussi une forme de peur face à l'ampleur de cette responsabilité. S'occuper de plantes vertes et d'une chatte est déjà bien assez – et mes plantes demandent beaucoup d'attention, presque autant que moi-même ; finalement seule Naïa est indépendante. La sorcière dans sa chaumière, entourée de plantes, d'animaux variés, qui crée de ses mains, toute la nuit, des objets en tout genre : Audrina la sorcière.

Être seule n'est pas forcément agréable pour moi, mais avoir un enfant pour ne pas être seule, pour avoir une descendance, pour avoir quelqu'un à qui transmettre mon savoir, mon sang, quelqu'un qui s'occupera de moi quand la vie reprendra petit à petit ses droits, vouloir un enfant quand le monde autour de nous s'écroule, quand la nature se révolte, quand les pays du monde entier deviennent plus violents que le pire sortilège de *Harry Potter*, n'est-ce pas ça, le réel égoïsme ? Je respecte le choix de chacune et chacun, les besoins et envies des autres. Mais ce n'est pas mon idéologie. Mes mots peuvent heurter, blesser ou choquer, mais telle est ma vision des choses. Je ressens une joie immense à l'annonce d'une grossesse d'une de mes consœurs. J'en suis tombée à la renverse, dans les escaliers, lorsque ma meilleure amie m'a annoncé sa grossesse, tant désirée. Ma joie est aussi puissante que possible, car je sais le bonheur que peut représenter une grossesse.

Même si je ne veux pas être mère, mon amour pour les enfants est quant à lui présent depuis très longtemps. Ils m'adorent, et je le leur rends bien. Ils apportent cette fraîcheur et cette innocence dont nous avons tant besoin au quotidien. Les enfants sont magiques. Après des années à avoir travaillé auprès d'eux, je le clame haut et fort : leur pouvoir est immense.

Durant un an, j'ai partagé le quotidien d'une enfant qui était ma belle-fille. Malgré tout l'amour que je lui portais, l'éducation que je lui apportais, les rires partagés et les moments d'affection uniques, elle consolidait, d'une part, mon envie d'avoir un enfant, de partager, de créer des moments uniques, et d'autre part, ce refus d'être enceinte. Alors que le partenaire avec qui je partageais la relation, lui, était catégoriquement fermé à un deuxième enfant, je devais tirer un trait sur cette possibilité. C'était son choix, ses idéaux, qu'il m'imposait sans l'ombre d'une réflexion de couple. Il fermait des portes, ne me donnait pas la possibilité de choisir, m'imposait ses choix.

Mais revenons-en au fait : Madame Endométriose diagnostiquée, j'étais d'autant plus perdue. Je n'avais peut-être plus la possibilité, cette porte ouverte, ce choix, de porter la vie plus tard…

Alors, c'est ça, être femme ? Ne jamais avoir son mot à dire ? Être sans cesse jugée par ses congénères ? « À quand les enfants ? Ne tarde pas, trouve-toi quelqu'un, en plus avec ta maladie, il faut aller vite. » Aujourd'hui, à 29 ans et à la suite d'une maladie, ou *mal a dit*, je me vois contrainte de décider très rapidement si je veux porter la vie, afin de faire conserver mes ovocytes encore viables.

Tous ces mots, « vite », « rapidement », « maintenant », « congeler », « procédure », « fiable », « trop tard », mettent encore une pression sur cette grossesse. Une grossesse que je ne désire aucunement, du moins pour le moment. Aux questions des soignants à ce sujet, je n'ai qu'une réponse : « Donnez-moi la recette du poison qu'utilise la reine pour empoisonner la pomme de Blanche Neige et croquez-la ! » (rires) ou, pire, « allez tous en enfer ! » (Niveau du dessus : pour ceux qui insistent).

Après avoir déjà avorté une fois, d'un bourreau violent, je suis d'autant plus perdue. Retomber enceinte serait difficile psychologiquement. Je ne sais pas si je souhaite revenir à cela. Et physiquement ? Parlons-en ! Je suis une femme, et depuis toujours mon corps est en perpétuelle évolution : poitrine, hanches, ventre, visage… Ai-je envie de le voir une nouvelle fois changer ? Et peut-être de façon définitive ? Suis-je capable d'affronter les regards sur mon corps changeant, pour donner la vie ?

Et si je ne pouvais pas en avoir, si j'avais perdu l'enfant, si j'avais avorté, si je n'y arrivais pas, si je n'en voulais pas, si j'étais seule, si j'avais une maladie, si mon ou ma partenaire n'en souhaitait pas, si c'était trop tôt ou tard pour moi ? Alors, cessons avec ces questions. Je suis une femme et je décide de ce que je souhaite dans mon corps et dans ma vie.

Le fait que les femmes soient autant un sujet de société encore aujourd'hui est pour moi aberrant : être une femme, être en couple, fonder une famille, avoir un enfant, se faire belle, vieillir, bla, bla, bla. Stoppons ces injonctions patriarcales sur ce statut féminin des plus obsolètes. Voici une grande nouvelle pour le monde entier (attention, âmes sensibles, s'abstenir) : oui, les femmes décident de ce qu'elles veulent ou non dans leur vie, et non, elles ne sont pas obligées d'enfanter, d'avoir une vie correspondant aux diktats sociétaux créés il y a des siècles par des hommes en mal (mâle) de pouvoir. Sois libre d'être celle que tu aspires à être, entoure-toi de ce qui t'élève, fais vibrer tes énergies encore plus fort.

La parole se libère. Certaines femmes qui ont eu des enfants par choix, conviction, de force, par accident ou autre, se retrouvent dans des situations délicates, dans un mode de vie différent de ce à quoi elles s'attendaient ou aspiraient. Il n'est en rien évident d'avoir un enfant, des enfants, et de nombreuses personnes le confirmeront.

C'est pour cette raison que, non, aujourd'hui, je ne souhaite pas d'enfant. Et je pense que, pour répondre au prochain qui osera me faire l'affront de me poser cette question si intime, j'userai des potions les plus abjectes et des incantations les plus tordues.

Rien n'est écrit, mon rêve d'adopter demeure. Offrir une chance de bonheur à un enfant qui n'a pas eu cette opportunité : là est le réel amour. Là est la maternité pour moi.

Je souris à la vue d'un enfant qui court dans la rue, je songe parfois au visage qu'aurait le mien. Curieuse, et envieuse, je veux partager mon savoir, ma vision du monde qui nous entoure à un enfant. Lui inculquer de belles valeurs de l'existence, lui ouvrir les yeux sur cette merveilleuse énergie autour de nous.

Voyons ce que la vie nous réserve…

# LA DÉPENDANCE AFFECTIVE

Oxymore de taille qu'est l'expression « dépendance affective » : comment une chose si dure peut-elle être alliée à cette sensation si douce ?

Voici la quatrième définition qu'en donne le Larousse : « Assujettissement à une drogue, à une substance toxicomanogène, se manifestant lors de la suppression de cette dernière par un ensemble de troubles physiques et/ou psychiques. »

Être dépendant de quelque chose, de quelqu'un, c'est ne pas se suffire à soi-même, avoir besoin de cette autre chose pour se sentir bien, trouver cet état de bien-être, de relâchement et de bonheur complet.

Mais, comment l'affection peut-elle être une drogue ? Comment expliquer ce besoin, presque vital, d'être en douce compagnie ? Ainsi, la dépendance affective est une douce contradiction. Mais alors, qu'est-elle réellement ? Un poison détestable dans une fiole de cristal portant l'inscription « buvez-moi » sur l'étiquette.

Depuis ma tendre enfance, l'affection n'a été qu'une douce illusion, une sensation rarement expérimentée au creux des bras d'un père attentionné et aimant. Une mère loin d'être affective, pour qui un câlin devait se mériter. Triste réalité pour une enfant. L'affection n'était donc qu'un présent, reçu uniquement en cas de bonne conduite, conduite qui, comme vous vous en doutez, n'était jamais à la hauteur des attentes de cette mère.

En grandissant, j'ai cherché inlassablement la compagnie des autres, notamment celle des hommes pour me sentir bien, pour combler ce manque d'affection, ne pas être seule, sentir qu'une personne ressentait de la tendresse pour moi, sentir du bout des doigts cette sensation si inconnue.

Malheureusement, les rencontres bienveillantes n'étaient pas prévues sur mon chemin. Hommes violents, colériques et manipulateurs étaient de la partie (et je n'étais pas gagnante, soyez en certain·es). Je retournais inconsciemment vers ces hommes qui ressemblaient à la mère que j'avais connue.

Peut-être trouvais-je en eux un semblant d'affection d'une mère ? Elle, si colérique, impulsive, manipulatrice… En eux, je retrouvais ce tempérament si coutumier pour moi.

J'étais une proie si facile pour les serres acérées des hommes colériques, violents, ces fameux pervers narcissiques. Cette dernière année, j'étais aux côtés d'un homme que je pensais différent. Il me soutenait dans mon travail, me trouvait

belle et… me criait dessus sans cesse, me rabaissait, me dégradait, me violentait… encore, me direz-vous ? Eh oui, Mademoiselle Audrina ne retient pas les leçons.

Alors que je tentais en vain de communiquer, de le comprendre, d'accepter ses défauts et de l'aider du mieux que je le pouvais, j'en oubliais la chose la plus importante, ce petit détail primordial : moi…

Ce besoin d'amour me dévorant de l'intérieur, j'en oubliais les tourments et la douleur si connus qui grandissaient en moi. Les appels quotidiens à mon père, les pleurs incessants, l'incompréhension la plus totale. Qu'ai-je mal fait durant ces derniers mois ? Cette dernière année ? Je suis le problème, c'est inévitable. Je suis trop anxieuse, trop sensible… Oui, je mérite ces cris, cette violence, devant sa fille. Je mérite qu'il me parle de la sorte, oui, je suis la fautive, la méchante de l'histoire, cette mauvaise sorcière. Oui, c'est moi qui dois faire un travail sur moi. Je ne suis pas une bonne personne, il a sûrement raison, je suis la personne toxique… Les idées noires et pensées horribles revenaient. Ma lumière s'éteignait peu à peu, mon sourire disparaissait, ma joie de vivre diminuait, ce sentiment douloureux d'être enfermée en cage sans porte pour m'évader grandissait. Même celui que je considérais comme l'homme de ma vie, le seul que j'envisageais comme un père potentiel, l'homme pour qui mon cœur avait eu ce coup de foudre, n'était rien, me rabaissait, ne me laissait jamais parler, parce que « tu as tort donc tu te tais, tu ne parles pas ». Celui qui me traitait de monstre parce que je me défendais suite à un attouchement non désiré ! Apparemment je suis un monstre, une folle, une moins que rien, je ne mérite rien, ma sensibilité n'est qu'un fardeau…

Ces mots vous sont difficiles à lire ? Je sais, ils le sont tout autant pour moi à écrire. Aujourd'hui, ces histoires sont terminées. Mon cœur souffre, mais mon esprit est libre.

Encore une fois, je me suis oubliée pour ces sensations si dures, cette drogue qu'est l'amour, cette dépendance. Alors, non, je ne suis pas responsable de cette colère, non, je ne suis en aucun cas responsable. Aucun acte ne mérite des violences, tant physiques que psychologiques.

Je suis une personne lumineuse et mes traumatismes, mon passé, ne définissent pas la personne que je suis aujourd'hui. Je ne peux rester avec une personne violente, physiquement et/ou psychologiquement, par dépendance, par envie, que dis-je, par besoin de ressentir cette affection, aussi forte soit-elle. La seule dépendance que tu dois avoir, c'est celle que tu ressens pour toi – facile à dire, Martine !

Ainsi, une question me taraude : si je m'aimais plus, cette dépendance affective partirait-elle ?

Aujourd'hui, je suis une femme forte. Cette dépendance ne doit aucunement me mener dans les entrailles de la Terre, dans les méandres de la solitude. Non, cette dépendance affective ne doit jamais éteindre ma lumière. Elle doit encore moins résulter de la personne avec laquelle je suis. Je mérite une personne bienveillante et respectueuse.

« Moi je veux un homme grand, brun, ténébreux, sportif… » Non. En grandissant, je comprends que la plus grande chose qu'un homme puisse m'apporter, c'est le respect. Nous méritons de nous construire aux côtés d'une personne qui respecte nos valeurs, nos envies, nos besoins, nous, dans notre entièreté.

Pour vous délier d'une relation toxique, vous pouvez suivre le rituel des bonhommes allumettes dans *Mes tutos de sorcière bienveillante*.

La solitude peut être la meilleure des compagnies. Choisir une personne pour avancer à ses côtés doit être positif, un petit plus qui rend ta vie meilleure. Mon père me répète souvent qu'être en couple, c'est avoir des problèmes que tu n'aurais pas eus seule. Effectivement. Soutenir l'autre dans les épreuves, être une épaule pour cette personne, une oreille pour ses tourments, fait partie du couple, mais il ne faut pas s'oublier pour autant. L'affection, c'est donner et recevoir.

« La seule personne qui sera avec toi tout au long de ta vie, c'est toi-même, alors sois la meilleure compagnie possible. »

Love

# LE VERRE D'EAU

L'eau a un grand pouvoir de nettoyage et de purification, ce n'est plus un secret. Elle a également le pouvoir de purifier une situation ou une relation toxique. Pour cela, il te suffit de très peu de choses : un papier, de quoi écrire, un verre d'eau et ton intention la plus puissante !

- Inscris sur le bout de papier la situation dont tu souhaites te délier, ou le nom de la personne avec laquelle tu souhaites rompre des liens.
- Pose ton intention de rupture, ces liens n'existent plus.
- Plie le papier et pose le verre d'eau dessus. Tu peux, dans cette eau, laisser infuser une pierre qui favorisera le rituel.
- Demande à l'eau de purifier la situation ou les liens toxiques existants. Laisse ensuite reposer l'eau au-dessus du papier pendant 12 à 24 heures.
- Jette l'eau dans les toilettes, ou dans un jardin, jette le papier à la poubelle. Tu peux réciter un mantra, le tien, ou celui que je te propose : « En jetant cette eau de purification, je me libère de la situation/du lien. Que l'eau retourne à la terre et soit transmutée en lumière. »

# Rituel du verre d'eau

# LÂCHER PRISE

Le « lâcher-prise », combien de fois m'a-t-on répété ce mot ? « Audrina, lâche prise un peu, tu dois apprendre à laisser couler, à ce que tout te glisse dessus, sans y accorder la moindre importance. Apprends à lâcher prise. » Ô, comme ces phrases peuvent m'excéder. Sûrement pour une seule et unique raison : je n'y arrive pas. Mon père, mon modèle, rien ne l'atteint : il a cette sagesse inaltérable, ce recul incontestable sur les évènements, cette capacité à gérer les situations, aussi difficiles soient-elles. Il fait preuve d'une résilience fascinante, peut-être depuis ses cancers ? Il me répète sans cesse : « Pourquoi se faire mal avec des choses sur lesquelles tu n'as pas le contrôle ? Je ne vais pas me pourrir la vie et la tête avec des choses incontrôlables. » Ses mots résonnent en moi. Comme un manège incessant, une toupie qui tournerait sans fin, jusqu'à provoquer vertiges et malaise. À l'écriture de ces mots, ma tête tourne…

Lâcher prise, serait-ce ça, la fameuse clef du bonheur ? J'essaye continuellement d'appliquer ce que l'on me dit, d'acquérir la sagesse de ce lâcher-prise. Lâcher prise, c'est détendre le contrôle que nous avons ou voulons avoir sur un évènement, une situation. Je n'arrive pas à lâcher, je reste fermement et inlassablement attachée à cette prise, pleine de volonté et de… contrôle. Est-ce que la capacité à lâcher prise reviendrait à accepter de ne pas avoir le contrôle, sans penser pour autant ne pas en être capable ? Les termes « perdre le contrôle », « capable », sont intéressants. Est-ce pour cette raison que je n'y arrive pas ?

Après de nombreux traumatismes, je n'ai que très tardivement accepté de l'aide, pensant que j'étais capable de tout résoudre seule, que les atrocités vécues n'étaient rien, que d'autres avaient vécu pire, que ça passerait avec le temps. Je restais cramponnée à certaines choses, aussi néfastes soient-elles pour moi – des relations toxiques, par exemple. Je n'arrivais pas à lâcher prise.

Alors que je prenais tout ceci pour de la détermination, le voile de l'illusion s'est levé : n'était-ce pas simplement de la peur ? Peur de la solitude, peur de ne pas réussir, d'échouer, peur de l'inconnu, peur de cette sensation si étrange qu'est la perte de contrôle. Peut-être, oui. Peut-être que la fameuse recette de ce lâcher-prise, c'est l'acceptation. Parfois, la résilience est la véritable force.

Et pourtant… Après des mois à tenter de mettre à exécution cette nouvelle « pratique bien-être », rien ne s'arrangeait, bien au contraire : au fil des jours, au creux de mon ventre, quelque chose grandissait, une petite graine semée par inadvertance se fissurait et germait. Au fond de moi, une nouvelle tache s'assombrissait, provoquant de nouvelles douleurs. Cette petite graine porte un nom. Peut-être l'as-tu déjà vue pousser dans un recoin obscur et brumeux de ton être. Son nom : culpabilité.

Pourquoi est-ce que je n'y arrive pas ? Pourquoi les gens autour de moi ont-ils cette facilité à lâcher prise quand moi, contre vents et marées, je reste fortement agrippée à ce mat ? Pourquoi est-ce que j'ai cette pression de toujours devoir bien faire, de toujours être positive, toujours sourire, toujours laisser glisser les douleurs ?

Cette petite graine continue de germer, donnant naissance à une nouvelle fleur, la frustration, qui elle-même germera plus loin, et enfantera la colère… Mes mains s'arrêtent de pianoter sur les touches du clavier, les mots me manquent…

Pour moi, lâcher prise signifie échouer. Si je lâche, c'est que je n'y arrive pas. Je m'inflige une pression perpétuelle. On m'a toujours vue comme une battante. À présent, je combats tous les démons qui se présentent à moi, en essayant de comprendre que chaque combat ne doit pas forcément être gagné, du moins pas de la façon à laquelle je pense. Une victoire, c'est parfois réussir à dire stop.

Lâcher prise, c'est comprendre ses propres limites. Les limites de chacun ne sont pas les mêmes. Peut-être qu'un jour j'arriverai à combattre la pire créature sortie des entrailles de la Terre, alors qu'un autre verra déjà comme une victoire le fait de lâcher prise pour un simple rendez-vous médical.

Contre ces graines germées, un seul remède : l'amour de soi. Aussi classique que soit ce remède, c'est le seul que j'aie réussi à appliquer. Depuis tant d'années, il est extrêmement difficile pour moi de m'aimer... À l'écriture de ces mots, mes mains tremblent. S'aimer soi-même est une évidence pour certains, pour moi, c'est si dérisoire...

Oui, pour lâcher prise, il est important de comprendre pourquoi nous n'arrivons pas à détendre notre contrôle sur cette situation, et ne pas se mettre la pression. Chacun·e avance selon son parcours et ses ressentis. Respecter son rythme est précieux.

Mais l'amour de soi, c'est peut-être la clef de nos limites : c'est ce qui permet de décider que nous sommes arrivés à notre limite pour arrêter de nous infliger un supplice, pour sortir d'une situation douloureuse, ce qui permet de ne pas s'en vouloir, ne pas culpabiliser de ne pas avancer au même rythme que ceux qui nous entourent, ne pas s'infliger plus de tourments que ceux déjà présents.

Il est si dur pour moi de savoir ce que je dois ou ne dois pas faire.

Mais le lâcher-prise réside aussi dans le fait de demander de l'aide. Je dois vous retranscrire un appel avec mon père :

« – Hi, Daddy, il se passe ça, je ne sais pas quoi faire, je continue de m'attacher inlassablement à cette situation, aussi douloureuse soit-elle.

– Tu as un contrôle dessus ?

– Non, bien sûr que non, c'est la raison pour laquelle ça m'angoisse, je n'y peux rien, je n'ai qu'à attendre, ou prendre une décision. Que dois-je faire ?

– Je ne peux pas prendre la décision pour toi, je ne vis pas ce que tu traverses en ce moment, mais est-ce que ça vaut la peine de te torturer autant pour quelque chose qui te fait déjà assez mal ? Et de te rajouter un mal supplémentaire ?

– Non, Papa, ça n'en vaut pas la peine… tu as raison.

– Comme toujours…

– Merci, Daddy, je t'aime. »

Oui, lâcher prise, c'est aussi accepter de l'aide. Merci, Daddy, ce modèle de sagesse vers lequel je tends. Alors, certes, ça n'est en rien facile ; parfois, je n'y arrive pas, et c'est très bien ainsi. J'avance à mon rythme. Avec bienveillance envers moi-même.

# CORPS ET esprit

# CORPS DE FEMME

Le corps, c'est cette enveloppe charnelle qui nous permet de vivre dans ce monde, de nous mouvoir, de nous tenir, ou très simplement de contenir nos organes. Il grandit avec nous au fil des années, il évolue et se transforme, petit à petit. Il est avec nous depuis la naissance et nous suivra tout au long de la vie.

Mon rapport au corps a sûrement beaucoup en commun avec celui de nombreuses personnes : c'est un rapport conflictuel. Il est vrai que, pour une femme – et étant une femme, je parle ici de mon propre point de vue –, le corps est des plus changeants, ce que nous pouvons avoir du mal à accepter. Comme je l'ai déjà abordé dans *Mes tutos de sorcière bienveillante*, je n'ai que très récemment réussi à faire l'éloge de mon corps, réalisant les durs tourments qu'il traversait. Alors que je le regardais d'un mauvais œil, j'ai commencé à l'accepter et à l'aimer.

Les diktats sociétaux ne laissent aucun répit au corps féminin. Voyons cela de plus près.

Dans l'Égypte antique, la beauté de la femme était sacrée. Les belles femmes (toujours selon les critères de l'époque, bien entendu) étaient celles élancées et fines, avec de longs cheveux lisses et soyeux qui recouvraient leurs épaules, un maquillage soigné, un trait noir sous les yeux (déjà adeptes de l'eye-liner, à l'époque !). Tu as, j'en suis certaine, cette image de la belle et forte Cléopâtre en tête. Eh bien, détrompe-toi, ici aussi, le reste du monde – en l'occurrence, le cinéma et le… hum… patriarcat – a créé cette image en partie faussée. En effet, la célèbre reine possédait, d'après son portrait sur une vieille pièce de monnaie d'époque : un petit front, un nez crochu, un large menton et un cou peu gracieux. Nous sommes en effet loin des critères de beauté de l'époque, et bien plus proches de la manière dont les sorcières sont représentées chez Disney.

À l'époque gréco-romaine, les jeux olympiques font leur grande apparition, et avec eux de nouveaux critères de beauté. Les hommes seront beaucoup plus confrontés à ces derniers, mais les femmes n'échapperont en rien à ces critères tout aussi adulés. Un corps plein de muscles, bien proportionnés et saillants, correspond à cette époque au corps plaisant et beau ! Il serait intéressant de se demander si c'est à cette époque que le culte des muscles est né, principalement pour les hommes – petit clin d'œil à tous ces hommes qui gonflent leurs muscles à la salle de sport, et te dédaignent du regard quand, toi, frêle, tu essaies de soulever ce poids de 2 kg : oui, c'est lourd ! Les grains de beauté sont assez mal vus et loin d'être des atouts, alors qu'en Orient, ils sont un réel signe de beauté. Ils sont d'ailleurs les premiers à avoir porté la mouche. (Pas l'insecte).

Vient le Moyen Âge, avec l'arrivée du Christianisme, et avec lui une nouvelle vision de la beauté. La Vierge Marie apporte une représentation plus « chaste » : il faut désormais couvrir son corps, ne pas montrer ses attributs, les dissimuler derrière des vêtements plus amples. Peau pâle, traits fins et grand front sont de vigueur – Ah ! Mon complexe du grand front aurait été inutile à cette époque. Les grains de beauté ne sont quant à eux toujours pas un signe de beauté, bien au contraire. Les femmes qui avaient le malheur de porter des grains de beauté étaient considérées comme des sorcières. Ces petites tâches étaient considérées comme la porte d'entrée du diable. Ainsi, les femmes portant ces grains étaient, tu l'as bien compris, torturées, et brûlées sur le bûcher.

À la Renaissance, le corset, qui remonte la poitrine, arrive et devient l'indispensable de beauté. La minceur n'est plus de mise, bien au contraire, les rondeurs et les formes sont préférées. Elles suggèrent la richesse, une bonne santé, et une bonne capacité à enfanter. Le maquillage, quant à lui, fait son grand *come back* ! Le teint doit toujours être pâle, bien entendu. Blanche neige et son teint de porcelaine étaient décidément très à la mode, la méchante reine aussi, et tu sais très bien à qui va ma préférence !

Vers le XVIIIe siècle, les diktats s'amplifient. Cette fois, terminé les cheveux longs, lisses et soyeux, les boucles sont la grande préférence. Toujours maquillées, une mouche sur la lèvre pour une femme coquette, sur le nez pour une femme effrontée, ou encore près de l'œil pour une femme passionnée. Cette mouche, avant utilisée pour cacher les imperfections, notamment les dommages causés par la petite vérole, devient peu à peu un réel signe de beauté. Les grains de beauté, aussi, deviennent enfin un réel atout de séduction.

L'après-guerre arrive et avec son cortège de nouvelles tendances. Les femmes osent, s'assument : les pantalons, les coupes garçonnes, les chevilles apparentes, les jupes plus courtes et j'en passe ! On dit oui ! Les pin-up et leurs formes tant appréciées déboulent sur le tapis rouge. Tu l'as deviné, les rondeurs reviennent à la mode. Les hommes aiment les femmes en chair – mais l'avis des hommes, on s'en fiche. La taille de guêpe n'est plus de mise.

En soi, je réalise une seule chose : les femmes décident-elles de ce qu'elles souhaitent ? De ce qu'elles veulent pour leurs corps ? Non, elles sont influencées par la culture de leur époque. Tour à tour minces, rondes, aux cheveux lisses, longs, bouclés, courts. Je ne veux plus suivre ces diktats. Je n'ai jamais voulu. Très fine de nature, j'étais plutôt dans les clous de ce que la société imposait. Quand les codes ont changé et que les rondeurs et les formes sont devenues plus sexy, plus jolies, plus désirables, je me suis sentie très mal dans ma peau. Ce corps, déjà si difficile à appréhender, n'est en rien aidé par ces injonctions. Mal à l'aise, j'ai caché ce côté frêle de mon corps derrière des vêtements amples, foncés de préférence, afin de ne pas être vue. Pardonne-moi, petit corps, encore une fois.

Aujourd'hui, je suis moi. Je m'aime et je m'accepte. Je ne dis pas que c'est facile tous les jours. Parfois, en me réveillant le matin et en croisant mon reflet dans le miroir de la salle de bains, j'éclate de rire à la vue de cette tête bouffie et décoiffée, ou bien je retiens mes larmes tant je n'apprécie pas ce que j'aperçois. D'autres jours, je me regarde et souris joyeusement, j'aime ce reflet. Je me trouve jolie, mes grands yeux bleus sont beaux, ma peau est moins terne, mes cernes moins visibles. Il y a des hauts et des bas, comme dans tout.

La vie est ainsi faite. Accepte ces bas, ils sont nécessaires pour avoir des hauts. Mais n'oublie pas de t'aimer, d'aimer ce corps. Qu'importe comment il est. Il est là, pour toi. Alors, dis-le avec moi, haut et fort – même si tu lis ce chapitre dans le bus ! – : « J'aime mon corps tel qu'il est ! »

Le ventre… Sûrement la partie du corps que grand nombre de personnes ont du mal à accepter, à aimer. Sans cesse en mouvement, le ventre est la zone de mon corps sur laquelle je fixais le plus souvent mon attention. Le matin, au réveil, il peut être des plus gonflés (tu connais aussi cette envie pressante du matin !), ou extrêmement plat, suivant mon dîner de la veille. Il peut bouger tout au long de la journée. Au fil des activités, il se tord, se raidit, se gonfle ou se dégonfle. Est-il vivant, pour se déformer ainsi ? De petits monstres vivraient-ils à l'intérieur ? La réponse, tu la connais. Oui. Oui, ton ventre est vivant et il abrite des choses qui te font vivre, tes organes.

D'où vient cette lubie folle du ventre plat, sans vie, sans mouvement ? Le ventre peut être plat, fin, gonflé, rond, avec ou sans cicatrices, grains de beauté, vergetures, bref, avec tout ce qui fait qu'il est un ventre. À 29 ans, mon ventre fait le yo-yo, et ce depuis toujours. Le stress, l'alimentation, les règles, la sédentarité et bien d'autres choses influencent son état, et depuis peu, Madame Endométriose a rejoint le gang de « ce qui modifie mon corps ». Et c'est O.-K..

J'aime prendre ce temps. Face au miroir, sous la douche. (Tuto miroir tome sorcière bienveillante).

Nous avons tous et toutes des complexes, des parties de notre corps que nous aimons moins, qui nous donnent parfois du fil à retordre, qui nous font même verser quelques larmes.

Pendant de longues années, ma poitrine, si petite, a été un sujet extrêmement sensible pour moi. J'ai absolument tout essayé pour lui donner un peu d'amour. Longtemps, je ne me suis pas sentie femme. Longtemps, j'ai essayé de la rendre plus attrayante, avec de la belle lingerie, un piercing coloré – oui, aïe, mais comme je l'aimais ! –, des décolletés plongeants. Tout, j'ai tout essayé, en vain. Et un beau jour…

quelque chose est survenu. Et là, j'ai compris que j'aimais mon corps.

Une boule au sein. Puis deux, puis un volume inhabituel. Une douleur. En direction des urgences, j'ai mal et, surtout, j'ai peur. Ce petit sein que j'avais tant rejeté, que je souhaitais toujours plus gros, plus ferme, cette fois, je m'inquiétais pour lui. Après le service de sénologie en urgence et quelques rendez-vous, des peurs et des pleurs, de l'inquiétude et de la culpabilisation – était-ce la réponse de ma poitrine à cette haine que je lui avais portée si souvent, si longtemps ? – on me rassure. « Rien de grave, juste les hormones, Mademoiselle, ça va passer, mais par précaution, nous allons les suivre de près. Bilan complet tous les ans et, au moindre changement, vous revenez directement. » Je suis soulagée, un peu perdue, mais cette crainte reste dans un coin de ma tête. Les années passent, je chouchoute cette poitrine : soins, mots doux, massages, autopalpation… Tous les ans, depuis trois ans maintenant, parfois plusieurs fois dans l'année, j'ai ce rendez-vous en sénologie, toujours avec appréhension et anxiété.

Lorsque je me rends à mon bilan annuel, en février, j'ai l'habitude, je connais les couloirs de l'hôpital par cœur. Entrée à gauche, le long du couloir, suivre la ligne au sol jusqu'au service de sénologie. Une fois dans la salle, j'enlève le haut et m'allonge. Le radiologue entre, très accueillant, je sens une bienveillance très douce. Il sourit chaleureusement et m'applique le gel, « attention, c'est froid, dites-moi si je vous fais mal ». Il est très à l'écoute me rassure, je respire calmement. J'ai mal, je lui en fais part, il me rassure, les boules présentes ont une masse normale. Je suis soulagée, je pense au rendez-vous de l'année prochaine. Ça va aller… Puis, un long silence. Son regard change, je sens qu'il appuie plus, il remet du gel, ses sourcils se froncent légèrement. Je demande, inquiète, la voix tremblotante, si ça va. Il me répond doucement et calmement qu'il repère une boule. La masse n'est pas comme les autres. Ça y est, ça devait arriver. Une boule suspecte, puis deux, et trois. Les larmes montent. Mon petit sein… Que t'arrive-t-il ? Très gentiment, il tente de me rassurer : « Pour l'instant, rien d'alarmant, séchez vos larmes, mais il faut contrôler, tenez, un mouchoir. »

Un nouveau rendez-vous est programmé trois mois plus tard, pour refaire un bilan, voir si elles grossissent ou non. Alors, j'attends… en espérant. En prenant soin de ce petit corps qui est le mien. Le corps évolue, change, et parfois… Il s'abîme. Aimons-le, prenons le temps de l'aimer. Il n'est peut-être pas parfait – selon toi, mais je t'assure qu'il l'est ! –, mais il est pour toi. Tu peux ne pas toujours être en accord avec lui, mais l'aimer et en prendre soin est nécessaire. Donne-lui cette magie surpuissante appelée « amour ». Laisse-le vivre, laisse-le vibrer, évoluer selon ce qui l'entoure. Aide-le au mieux, et dis-lui : « Je t'aime comme tu es. Merci. »

Quelques mois plus tard, le rendez-vous de contrôle arrive. Le stress m'accompagne, bien sûr. Je m'avance dans ce couloir qu'à présent je redoute tant. J'enlève le haut, une femme entre, m'examine, ses longs cheveux blonds tombent sur ses épaules. Un silence… « Alors ? », ma voix, frêle et tremblotante, résonne dans la pièce. Ses yeux se plissent, je devine le sourire derrière son masque, son regard est rassurant : « Tout va bien, la première est plus petite, l'une n'a pas changé de taille, et la troisième n'est plus là ». Oh… Merci.

Tout va bien. J'ai envie de me serrer fort contre moi-même. Les larmes de soulagement coulent. Pardon, petit corps. Rendez-vous dans six mois.

Une fois rentrée, je me fais mon petit rituel : je me mets devant la glace et je me regarde. Durant de longues minutes, je m'accorde ce rituel du corps, encore plus que d'habitude. Aujourd'hui, je me retrouve avec lui en tête-à-tête. Je ne fais qu'un avec mon corps. Mon âme et mon corps fusionnent. À présent, ce rituel du corps, je le fais en pleine conscience, alors qu'auparavant je pouvais être plus furtive. Sous la douche, je le nettoie et le touche en pleine conscience. Oui, j'aime mon corps !

Nos corps sont précieux, ils vivent avec nous les évènements marquants de la vie. Mon corps a subi de nombreux vices, de nombreux tourments. Violences physiques, sexuelles…

Il y a quelques semaines, j'ai revu mon grand amour de toujours. Lui seul pouvait m'apporter ce dont j'avais envie, besoin. Lui seul me connaissait depuis dix ans avec cet amour si propre à notre histoire… Mes traumatismes demeurant encore, je lui demande de prendre mon temps, car mon corps n'est pas prêt et il me le fait bien comprendre. Un soir, sur le canapé, il arrive, se dévêtit entièrement et me câline. Je n'étais pas prête à aller plus loin. Il le sait, me dit qu'il comprend ce besoin d'attente et ce mal-être. Je lui dis : « Ne descends pas plus bas, je ne suis pas prête. » Il rétorque un « d'accord » rapide. Et deux minutes plus tard, sa main me caresse. Non ! J'avais dit non ! D'anciens souvenirs d'attouchements non consentis reviennent… Je ne veux pas que l'on me touche, c'est mon corps ! Je lui demande pourquoi il a fait ça alors que je lui ai dit que je ne voulais pas. Sa réponse ? « Parce que j'avais envie. » Et moi, mon envie ? Mon besoin ? Mon mal-être ? Une dispute éclate. Une grosse dispute. J'en viens à le frapper… Une rage énorme surgit de moi ! Cette violence folle, ce n'est pas moi. Je culpabilise, je m'en veux, je me déteste. Lui aussi l'a fait, lui non plus ne me respecte pas, lui aussi accentue mes douleurs, lui non plus n'a pas écouté ma voix. Il me traite de monstre. Si je suis un monstre, comme il le prétend, ou je suis ce monstre qui défend son corps, qui affirme son droit de ne pas vouloir être touché. Je le mets dehors, avec ses affaires. Je ne veux plus de sa présence si douloureuse. Je tire un trait sur cet homme tant adulé, qui ne désirait de moi que l'assouvissement d'un désir charnel. Comme de nombreux hommes.

Il n'est pas le premier à abuser de ce corps qui est le mien sans mon consentement. Des ex, des professionnels du monde médical, ce praticien en psychanalyse, ont déjà eu envers moi des gestes qui m'ont tétanisée, rendue incapable de bouger. J'ai vécu encore une fois le non-respect de mon corps par un homme.

Je pense à tous ces hommes. Ceux qui nous prennent par la taille pour nous faire la bise, ceux qui n'hésitent pas à nous toucher la cuisse quand nous sommes assises, ceux qui nous regardent intensément quand nous passons devant eux, ceux qui disent « oui, mais moi, j'ai envie », ceux qui profitent de leur statut, de leur carrure, ceux qui manipulent, ceux qui… Ne nous respectent pas. Alors, à bientôt trente ans, cette question demeure encore et toujours dans ma tête, cette question à laquelle je pense n'avoir aucune réponse : « Comment doit-on faire respecter nos corps ? »

# MON HUILE D'AMOUR POUR LE CORPS

Voici une astuce pour apprendre à regarder son corps, à poser dessus des yeux bienveillants, à le toucher avec respect et à en prendre soin. Il s'agit d'une petite huile de corps, pour se masser et prendre le temps de se connecter avec son enveloppe charnelle.

- Dans un flacon stérilisé, verse 100 ml d'une huile végétale de ton choix.
- Ajoute quelques huiles essentielles de ton choix. Pour ma part, j'affectionne tout particulièrement celle d'ylang-ylang pour ses propriétés calmantes, antistress, relaxantes, apaisantes et sa douce odeur. Attention, les huiles essentielles ne sont pas recommandées pour les femmes enceintes, allaitantes, les enfants, les personnes épileptiques : n'hésite pas à demander conseil à ton pharmacien.

- Afin de conserver au mieux ton huile de massage, tu peux ajouter de la vitamine E, présente naturellement dans l'huile d'olive ou dans l'huile de pépins de raisin, par exemple.
- Conserve ton mélange à l'abri de la lumière et de la chaleur.
- Accorde-toi dès que tu le souhaites des petits massages localisés pour chouchouter ce corps qui en a tant besoin.

# LETTRE À MON ENDOMÉTRIOSE

« Madame Endométriose,

Bonjour,

Cela fait, je pense, de nombreuses années que nous cohabitons, à mon grand regret, je vous l'assure. Vous vous êtes présentée à moi il y a à peine un an et, sincèrement, je me doutais de votre présence, sans pour autant vouloir l'accepter. Monsieur Spécialiste et Madame Gynéco ont mis votre nom en évidence.

Vous m'avez apporté tant de tourments depuis mon adolescence : douleurs insupportables durant les règles, flux abondant, crampes abdominales avec leur cortège de douleurs aux reins, aux jambes, à l'estomac, à la tête et au dos, fatigue chronique, problèmes urinaires, nausées, vertiges, courbatures, mauvaise circulation. Vous êtes arrivée avec toute votre suite. Ma vie est un enfer une semaine par mois, après, bien entendu, la semaine occupée par votre confrère le syndrome prémenstruel, qui lui-même possède des désagréments fort sympathiques. Sorcière que je suis, j'aimerais connaître le sortilège qui effacerait tous ces maux.

Durant de longues années, j'ai eu le droit à ces fameuses tirades de mon entourage, proche ou non : « vous faites du cinéma, c'est dans votre tête » ; « c'est normal d'avoir mal quand on a ses règles, n'exagère pas ». Je me doutais, vaguement, que quelque chose était présent.

Jusqu'à ce jour, dans le cabinet de Madame Gynéco, où votre nom a été posé sur le papier, après une IRM pelvienne. Endométriose profonde. Les larmes ont coulé, je ne suis pas folle. J'avais raison, vous étiez là. Bon sang. Vous êtes là.

Sceptique, je consens à prendre la pilule alors que je ne souhaitais plus la prendre. Pas de traitement précis, il faut stopper votre propagation rapidement. Suivi psychologique, méditation, sophrologie, acupuncture et autres. J'ai de quoi faire pour lutter contre vous, mais encore rien de très précis.

Vous l'avez saisi : je ne vous apprécie guère, et je pense que toutes celles à qui vous avez imposé votre poison ne vous portent pas non plus dans leur cœur. Sachez-le. Pourtant, je l'accepte, je dois vivre avec vous. Contre vous ? Je ne veux pas d'animosité entre nous. Cette colocation est déjà des plus abjectes, je ne vais pas y ajouter de la haine. Je ferai le nécessaire afin de vous ressentir le moins possible dans ma vie, dans mon quotidien. Aujourd'hui, je revis, hormis quelques crampes persistantes, des troubles digestifs, des crises et cette fatigue chronique, j'arrive à vous oublier.

Vous ne gagnerez pas la bataille.

J'envoie à toutes mes consœurs le soutien le plus puissant qu'il soit, contre ce poison qui se déverse dans nos corps.

Madame Endométriose, au revoir. »

# MA BOUILLOTTE DE RIZ

Les douleurs de règles, digestives ou même musculaires peuvent invalider nos journées. Mon objet indispensable pour les soulager ? Une bouillotte. Combien de fois a-t-elle sauvé mes journées, mes nuits ? J'en possède plusieurs, et j'en mets parfois plusieurs à la fois sur mon corps endolori : une sur la nuque à cause du stress, une autre sur le bas-ventre à cause de madame Endométriose, et une autre sur l'estomac pour calmer mon anxiété.

Alors, aujourd'hui, sors ton bocal de riz du placard, ou, si tu lis ce journal en plein été après un dessert fruité, tes noyaux de cerises…

- Pour faire cette petite bouillotte sèche, tu as besoin de très peu d'ingrédients et d'outils : tout d'abord, cette chose si mystérieuse, magique et surprenante, que chacun et chacune d'entre nous possède… La chaussette orpheline !
- Une fois cette chaussette en ta possession, garnis-la de riz sec, de graines de blé ou de noyaux de cerises – le riz est l'idéal, car il retient mieux la chaleur ; les noyaux

de cerise sont plus gros et gardent moins longtemps la chaleur, néanmoins, pour le bas du dos je les préfère, car ils ont un effet massant.

- Tu peux y glisser quelques fleurs de lavande séchées, qui diffuseront une douce odeur, ou bien quelques gouttes d'huile essentielle.
- Referme la chaussette à l'aide d'un élastique.
- Si tu es plus douée que moi en couture, tu peux coudre toi-même ta petite poche de bouillotte, dans un bout de tissu. Tu peux même la coudre en trois parties, avec trois compartiments à riz. Ainsi, le volume restera bien réparti sur l'ensemble de la superficie.
- Place ensuite cette petite bouillotte dans un micro-ondes et chauffe-la quelques minutes ; attention, pas trop longtemps ! Ne laisse jamais ta bouillotte sèche au micro-ondes sans surveillance.
- Si tu souhaites décorer ta bouillotte, veilles surtout à ne pas mettre de breloques ou autres ne pouvant aller au micro-ondes. De même pour le tissu choisi si tu la couds toi-même !

# Bouillotte

Riz
Huiles essentielles
Ou noyaux de cerises
Vieille chaussette

# SOMATISATION ET PSYCHO-SOMATISATION

Adulte, je relis les journaux intimes de ma tendre enfance, des mots si nostalgiques et durs à lire. Je comprends que j'ai des pensées noires depuis très longtemps, sans y prêter grande importance.

Au fil des lectures, après de nombreuses lignes sur les méandres maternels qui s'accumulaient, je me souviens que deux nouveaux amis sont venus me rendre des visites de plus en plus récurrentes à cette période : le mal de tête, puis le mal de ventre. Des douleurs physiques, lorsque les violences familiales me pesaient. Le fait de lire des mots si forts de la part d'une enfant de douze ans, des mots qu'elle ne devrait pas connaître, me fait frissonner. Je lis, par exemple : « Je dois faire des efforts, sinon Maman ne m'aimera plus. » Mes yeux s'agrandissent. Bon sang… Petite Audrina, comme je suis désolée que tu aies vécu de tels tourments. la peur de ne plus être aimée, d'être rejetée par ta propre famille.

À une dizaine d'années, haute comme trois pommes, alors que mon quotidien aurait dû n'être qu'insouciance et rires, je ressentais de plus en plus ces maux physiques. Un nouveau camarade de vie prenait place à mes côtés : la somatisation.

« Somatisation » vient du grec *soma*, qui signifie « corps ». Il s'agit d'un phénomène inconscient par lequel un individu exprime son mal-être psychologique par des maux physiques.

Alors que mon mental et mon cerveau ne tenaient plus, qu'ils ne pouvaient plus fonctionner comme il fallait, ils se sont mis à fonctionner au ralenti lorsque j'étais chez moi. Le climat familial qu'instaurait la matriarche créait chez moi cette peur constante, je vivais sur le qui-vive : regard fuyant et gestes réfléchis, la boule au ventre, la tête en agitation.

Alors, une fois à l'école, la petite fille prête à bondir devenait enfin libre. Discuter, rire, oublier, je pouvais être moi-même, cette petite fille joviale, toujours partante pour les taquineries et jeux en tout genre, cette petite fille extravertie, très pipelette. Une maîtresse ira même jusqu'à marquer sur mon bulletin : « élève exubérante ». Je débordais d'énergie. Je pouvais être moi-même, insouciante, et oublier les tracas familiaux qu'instaurait la « Vipère ».

Une fois à la maison, seuls mon petit frère et mon tendre papa rendaient mon enfance joyeuse. En leur présence, la génitrice se fait plus calme, bien que violente par moments.

L'affection dont j'avais besoin, mon père me la donnait. Daddy, mon Papa, était ce guide que chaque personne devrait avoir dans sa vie : d'un soutien inébranlable, aussi solide qu'un chêne, aussi souple qu'un roseau. Il alliait bienveillance et rigueur. Daddy, mon enfance n'aurait pas été identique sans toi.

Sa présence apaisait mes maux. Quand son absence se faisait ressentir, les démons maternels revenaient, et avec eux les cauchemars, la boule au ventre et les maux physiques.

Les années passent et les maux deviennent omniprésents. Des compagnons de jeu des plus ennuyeux, qui finissent par prendre le dessus. Mois après mois, ils ne se contentent plus d'être à la maison. Ils commencent à empiéter sur mon seul terrain de vie : l'école. Les maux de ventre et de tête incessants, les appels à la maison me demandant de venir me chercher, la « mère » qui me menace de représailles car je fais du cinéma. Je maudis ce ventre, je retiens mes larmes et les laisse couler, la nuit venue, sous la couette, peu avant que Morphée m'emporte.

Pourtant si jeune, mon corps me lançait des appels à l'aide. Alors que les années passent, le verdict est sans appel : inflammations chroniques, migraines avec et sans aura, angine annuelle, somatisation. Attention cependant : tout ceci n'est que mon expérience et mon propre corps. Tous maux ou interrogations nécessitent un rendez-vous et un suivi médical. Je suis actuellement suivie.

Le corps parle. L'esprit et le corps sont liés, c'est inévitable. Si ton esprit et ton corps ne sont pas alignés, ils seront en dissonance totale et les maux apparaîtront. De ce fait, il n'est en rien étonnant qu'un manque de communication, par exemple, puisse entraîner des maux de gorge. Des événements non digérés peuvent entraîner des douleurs à l'estomac, le centre des émotions. Les chakras, roues énergétiques du corps, régulent nos émotions, nos flux, nos énergies.

Mon corps me parle sans cesse. Certains médecins qui me suivent ne savent plus quoi faire, quoi dire, comment agir. Selon certains, je suis ce cas d'école ! L'anxiété, notamment, peut provoquer chez moi des maux si forts et si visibles que le monde médical est dérouté à chaque examen, et l'hypocondrie qui s'ajoute à cette potion folle rend le tout explosif. Neurologue, psychiatre, médecin, psychologue, psychanalyste, gastro-entérologue, tous ont le même discours : « Détendez-vous ! » Je sais bien que le stress et l'anxiété génèrent chez moi des maux en tout genre, mais entendre à longueur de temps qu'il suffit d'un peu de yoga commence à me lasser…

Ne plus stresser, tiens, je n'y ai jamais songé ! Si c'était si facile, s'il existait une potion, ou un cataplasme de plantes à appliquer sur le front quatre à six fois par jour pour une sérénité à toute épreuve, cela se saurait ! Même pour la sorcière la plus aguerrie, ce sortilège n'existe pas.

Notre corps nous parle, tâchons de l'écouter. Après moults tempêtes, je me décide enfin à accepter les signaux d'alarme de mon corps… Je l'écoute.

Un soir, alors que Naïa avait mangé quelque chose qu'il ne fallait pas – les chats et la nourriture… –, je suis prise d'une énorme panique, une peur m'envahit… Je n'ai pas été responsable ! Je n'ai pas fait attention et elle a mangé ce qu'il ne fallait pas. Pleine de culpabilité, j'angoisse, encore et toujours, j'ai peur qu'elle ait mal au ventre, qu'elle n'arrive plus à aller à la litière. Jamais je n'aurais imaginé pouvoir autant m'inquiéter pour cette petite boule d'amour qui rythme mon quotidien.

Le lendemain, une nausée m'enivre, un mal de ventre arrive. Le soir, des crampes d'estomac des plus douloureuses surviennent ; le surlendemain, ma nuque est tendue, encore des douleurs de ventre, des crampes, des nausées. Naïa, elle, va bien, elle mange, boit, joue, mais il lui reste encore à éliminer ce qu'elle a mangé. J'appelle pourtant les vétérinaires quatre fois par jour, et ils ne sont pas alarmistes, au contraire. Mais moi… je m'inquiète. Le kinésithérapeute n'en revient pas : je suis tendue, beaucoup trop. Le mot magique ressort : « Audrina, stop, tu somatises encore ! » Quoi ? Non, non, je ne soma… Bon, d'accord, sûrement, oui, mais je m'inquiète pour elle. Et si ça lui faisait mal ?

Ce soir-là, Naïa rend tout ce qu'elle avait mangé, du plastique – non, le plastique n'est pas fantastique. Je pleure de soulagement, et petit à petit ma nausée et mes crampes d'estomac diminuent. Oui, effectivement, je somatisais. Mes pensées stressantes étaient beaucoup trop fortes pour mon petit esprit, le corps a pris le relais, pour montrer physiquement le trop-plein de ce que j'avais psychologiquement, que je n'écoutais pas.

Quand le corps parle, qu'il montre directement sur notre physique ce qui ne va pas, nous avons plus tendance à l'écouter que le corps psychique. Quand l'anxiété m'envahit, je le fais taire, je ne l'écoute pas. Mais elle est bien présente. Alors, pourquoi ne pas lui prêter un peu d'intérêt, l'écouter, avant que le corps n'envoie les signaux d'alerte ?

De ce fait, posons-nous quelques questions, lorsque nous ressentons une forme d'anxiété, un coup de stress...

- Quel est l'élément qui me met dans cet inconfort émotionnel ?
- Ai-je un impact, puis-je contrôler ou non cette situation de départ ?
- Si je ne peux pas la contrôler, est-ce que quelqu'un peut m'aider ?

Nous pouvons terminer cette mise au point par une bonne respiration en cinq temps (*Mes tutos de sorcière bienveillante*, « Gérer sa crise d'angoisse ») !

# MON GRIMOIRE DE DÉCHARGE ÉMOTIONNELLE

Il y a un cahier chez moi, un petit carnet, qui est extrêmement précieux pour moi et… ma santé mentale. Quand les démons envahissent mon esprit, quand le poison coule dans mes veines, ce cahier est le meilleur exorcisme qui soit. Ainsi, tu peux toi aussi te créer ce carnet d'évacuation.

- Choisis un carnet, un cahier, ou ton grimoire si tu le souhaites, et prends-le dès que nécessaire.
- Prends de quoi écrire, ouvre le carnet, et laisse-toi aller. Note tous les mots qui te passent par la tête ! « Beaucoup de travail cette semaine, enfant, rendez-vous médical, dispute avec Martine », etc. Note tous les mots, toutes les situations que tu traverses en ce moment, les choses qui te pèsent, te font de la peine… Parfois, des mots auxquels tu ne pensais même pas viendront se coucher là, sur le papier : prends-les en considération. Cet exercice simple peut mettre en lumière des choses totalement enfouies.

L'avantage du cahier, c'est que tu peux revenir dessus plus tard, relire des mots-clefs. Pour ma part, certains mots reviennent très – très – souvent. Je peux ainsi « travailler » dessus, et par la suite faire des rituels afin de m'en délier. Quand j'ai vu qu'une relation avec une personne qui m'angoissait revenait très régulièrement, j'ai pu mettre en place le rituel des bonhommes allumettes (*Mes tutos de sorcière bienveillante*) ainsi qu'en complément le rituel du verre d'eau (page 50).

# UNE LETTRE ENFLAMMÉE

L'écriture est un réel exutoire, plus qu'on ne le pense. Elle permet, comme le dit le fameux proverbe, de « mettre des mots sur des maux ». Alors, voici un autre petit tuto pour toi, qui t'aidera à te délier d'une situation par la puissance des mots et de leur intention.

**Astuce**

Afin d'en accroître l'efficacité, n'hésite pas à réaliser ce rituel (comme tous les rituels de libération, d'ailleurs) au moment d'une lune décroissante. Cette période est propice à la libération.

- Dans un endroit calme, allume une bougie ou un peu d'encens. Tu peux aussi mettre une légère musique de bol tibétain en fond. Ce moment doit être un instant de pleine conscience.

- Sur une feuille de papier soigneusement choisie, avec soin, écris. Libère-toi ! Pose tes mots et tes maux.
- Si tu as vécu quelque chose de difficile, comme une rupture, une dispute, une altercation avec quelqu'un, une situation compliquée, écris-la. Tu peux écrire en t'adressant à la personne concernée, ou simplement décrire la situation. Écris comme bon te semble ! Tu peux raturer, écrire en gros, voire glisser quelques insultes que même le diable n'oserait prononcer !
- Une fois cette lettre écrite, ne la relis pas, il est important de rester sur les premiers mots, sur ce qui est sorti dès le début, sans retenue.
- Enfin… brûle la lettre.
- Quand la lettre brûle, n'oublie pas tes intentions. Le feu élimine, mais tes intentions sont extrêmement puissantes. Je te propose une incantation, libre à toi de t'approprier cette dernière ou d'en créer une à ton image : « Par ce feu, je me libère de ce mal, qu'il emporte avec lui ma douleur et mes tourments. »

Attention ! Assure-toi de brûler la lettre dans un endroit sûr, ne fais pas cela n'importe où et n'importe comment. L'idéal étant dans une cheminée, si tu n'en possèdes pas, tu peux la brûler dans un récipient adapté. Si tu as ton chaudron de sorcière, en cuivre ou fonte, c'est idéal !

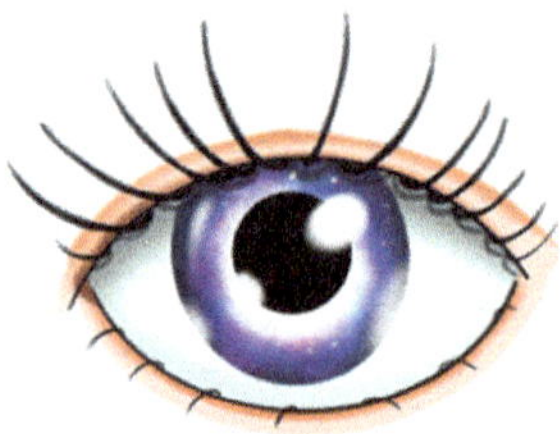

# Lettre enflammée

# FAIRE FACE À L'ANGOISSE

La santé mentale est primordiale. S'occuper de son corps physique est des plus courants – faire du sport, bien manger, se soigner en cas de blessures... La santé mentale est à mon sens tout aussi importante, peut-être même plus. Qui plus est, elle peut déteindre sur la santé physique, comme on l'a vu au sujet de la somatisation ; l'anxiété, par exemple, peut faire maigrir, ou avoir des plaques de sécheresse sur tout le corps, de l'inconfort digestif, des maux pouvant aller jusqu'au malaise, des crises de spasmophilie, des migraines avec aura, des paralysies, etc. Ainsi, soigner son corps physique est nécessaire, mais à mon sens parfois inutile si le corps psychologique ne va pas bien, car ne soigner que le physique dans ce cas correspond à soigner le symptôme, mais pas la source réelle.

Attention, toute anxiété chronique ou passagère, accompagnée ou non de symptômes, doit être suivie, contrôlée par un médecin. Tout ce que j'écris dans mes ouvrages n'est que le fruit de mon expérience et de mes ressentis. Libre à toi de suivre mes recommandations et de les adapter.

Étant très anxieuse, et ne souhaitant pas de traitement médicamenteux, je trouve une aide dans le CBD naturel, sans accoutumance, à prendre en cas de migraine contrôlée – oui, je suis suivie pour mes migraines avec aura, et la neurologue est au courant pour le CBD, elle accepte cette alternative pour moi.

Pour mes vagues d'anxiété, j'ai mis en place des rituels simples. J'angoisse dès que je n'ai pas le contrôle sur un évènement, lorsque je sens que quelque chose m'échappe. Alors, après m'être posé les questions énoncées précédemment, je me prépare mon rituel spécial angoisse. Il est également idéal en cas de déprime passagère ou de *bad mood* saisonnier.

Lavande
Antispasmodique
Relaxante
Calme les migraines
Anti-stress
Favorise le sommeil
Lavande
Cicatrisante
Favorise la digestion
Soigne les inflammations

## Vertus spirituelles

Développe
la voyance,
favorise les rêves
prémonitoires,
protège, purifie.

Pour favoriser les rêves
prémonitoires, frotter les
fleurs fraîches sur
le front et les tempes.

En fumigation apaise
le lieu, le protège
et le purifie.

## Infusion

2 cuillères à café pendant 5/10 min dans 150ml d'eau bouillante contre les insomnies et troubles digestifs d'origine nerveuse.

## Diffusion

Quelques gouttes d'huile essentielle en diffusion contre l'anxiété, réduit l'agitation, la nervosité, la dépression.

# RITUEL CONTRE LA DÉPRIME ET L'ANGOISSE

Avant toute chose, instaurer un climat calme et rassurant est primordial. Ainsi, quand tu sens qu'une journée risque d'être riche en stress, ou si, la veille, des évènements ont pu annoncer une crise d'anxiété naissante, par exemple si tu as noté des signaux corporels, prépare tout un environnement propice à un relâchement total.

- Pour commencer, instaure une bonne lumière, laisse entrer le soleil autant que possible – d'autant plus en hiver, quand la lumière est plus rare –, il est source de bonne humeur. Tu peux installer près d'une fenêtre un *suncatcher*, acheté ou fabriqué avec du verre et du métal brillant.
- Si besoin, tu peux utiliser une lampe de luminothérapie en hiver, tu verras que la luminosité joue réellement sur l'humeur ! Bien sûr, en plus de la lumière naturelle ou de celle des lampes, garde en tête une intention de lumière : tu laisses entrer la lumière dans ton intérieur, ton foyer, et ton corps.

- Afin de continuer sur une dynamique de lumière, allume une bougie, de préférence blanche ou jaune, avec l'intention de mettre en lumière cette part d'ombre qui te bloque en ce moment – anxiété, déprime ou autre.
- Allume ensuite un diffuseur d'huiles essentielles dans lequel tu disposes quelques gouttes d'huiles essentielles d'orange douce et de petitgrain bigarade. Ce cocktail pétillant me procure toujours une sensation forte et immédiate d'apaisement, de puissance et de vitalité, comme un soleil olfactif dans la pièce. C'est un effet des plus appréciables en cas de déprime.
- Mets ensuite une musique, de préférence ta musique du moment, celle que tu écoutes en boucle et qui te met de bonne humeur.
- Petit à petit, sens ton malaise diminuer. Ces informations positives par tous les sens sont des clefs contre une descente rapide aux enfers.
- Le sourire aux lèvres, même s'il est forcé au départ, prends ton carnet de pensées (« Mon Grimoire de décharge émotionnelle »), et note toutes les choses qui te passent par la tête, qu'il s'agisse des choses que tu dois faire, de choses qui peuvent potentiellement te stresser, des évènements, des mots, des personnes, tout, absolument tout. Parfois, ceci permet simplement et efficacement de mettre en lumière ce qui te pose problème. Très

souvent, des mots, des maux, vont sortir, certains auxquels tu ne pensais absolument pas, mais s'ils se glissent sur le papier, c'est que ton inconscient voulait les mettre en lumière, alors écoute-les.

- S'ensuit une petite séance de méditation. Si tu n'aimes pas méditer directement, fais une activité méditative (dessin exutoire, marche méditative, cohérence cardiaque, etc.).

En cas de « rechute de moral » dans la journée, tu peux prendre ton cahier positif (*Mes Tutos de sorcière bienveillante*), et relire des bribes de journées positives. Tout va bien se passer.

Quoi qu'il en soit, quoi que tu fasses, quoi que tu penses, que tu arrives à mettre en place ou non ces conseils, sois indulgent·e envers toi-même. C'est O.-K. de ne pas toujours être au meilleur de sa forme, de ne pas toujours avoir le sourire, de ne pas avoir toujours envie. Ne te force jamais en rien. Être mal est parfois bon, parfois nécessaire, il n'y a pas de lumière sans ombre.

Tu sais… J'écris, j'illustre, je conseille, mais j'ai moi aussi, et comme tout le monde, mes moments de doutes, de craintes, de stress, de mal-être et de malaise. C'est normal et humain. Parfois, assise, le regard égaré, je m'évade, je remets toute ma vie en question, je doute, j'ai peur. C'est normal et on est d'accord avec ceci.

Alors, ne te mets jamais la pression, pour quoi que ce soit. Ne te compare pas aux autres, ne te dis jamais que la vie des autres est meilleure que la tienne. Sois bienveillant·e envers toi-même. Accepter ses émotions, son corps et autre peut être difficile, je le sais. C'est une relation magique à construire avec soi-même.

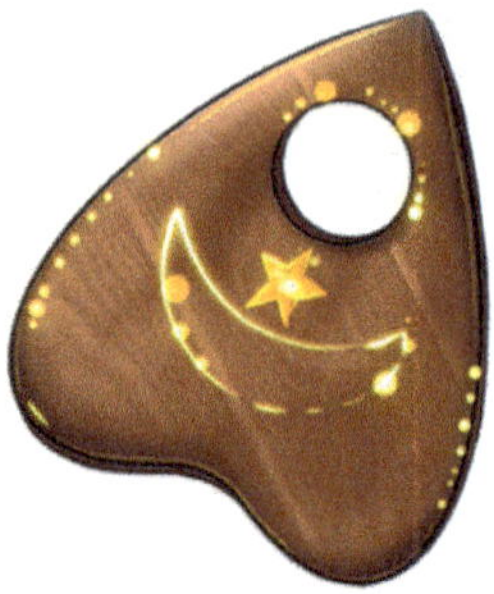

# Attrape-Soleil

# L'EAU DE RIZ POUR LES CHEVEUX

Les cheveux sont un signe de vitalité pour certains, de féminité pour d'autres, ou encore source de tourments. Pour ma part, je porte un énorme intérêt à ma chevelure loin d'être digne de celle de Raiponce. Je lui accorde énormément de soins. Lorsque mes cheveux sont longs, je passe mon temps à les remettre en place, à les coiffer en chignon haut, ou je les laisse négligemment lâchés en bataille. Des reflets blonds, roux au soleil, nourrissent ma fierté. J'aime mes cheveux. C'est même sûrement la partie de mon corps que je préfère. Un jour très lisses, le lendemain volumineux, ils tendent à suivre mes humeurs changeantes.

Ainsi après une période difficile, le proverbe de Coco Chanel – « Une femme qui se coupe les cheveux est une femme qui s'apprête à changer de vie. » – a pris tout son sens pour moi. J'ai toujours coupé mes cheveux au carré, puis laissé pousser, et ainsi de suite.

Astuce

N'hésite pas, lorsque tu te coupes les cheveux, à laisser les chutes à un coiffeur qui se chargera d'en faire don à des associations pour la création de perruques, notamment pour les personnes atteintes de cancer. Tous les coiffeurs ne le font pas, mais tu peux leur poser la question avant de t'y rendre.

Lors d'une période délicate de ma vie, j'ai donc coupé tous les centimètres des derniers mois douloureux que je venais de passer. Pas de carré pour cette fois, j'ai décidé de me garder une petite longueur. Cependant, le stress et le mauvais rythme de vie des mois précédents ont rendu mon capital capillaire absolument désastreux. En manque de vitalité, d'éclat et de souplesse, ils étaient devenus le miroir de mon corps intérieur.

Alors, aux grand maux les grands remèdes, il me fallait un soin naturel et fait maison pour redonner vie à mes cheveux. Après avoir coupé ce qui était de toute évidence mort – mes cheveux et ma relation ! –, il était de toute évidence judicieux de faire un soin.

Le riz est, dans la culture Asiatique – chinoise, japonaise, malgache –, un élément magique. Les Japonaises connaissaient ses puissantes vertus sur la peau. L'eau de riz est riche en vitamines du groupe B, en Zinc, en potassium et en minéraux. Elle traite l'acné, régénère les cellules, élimine les taches brunes, resserre les pores, est antioxydante, cicatrisante, réduit les irritations, notamment celles liées à l'eczéma, et adoucit la peau ! C'est un réel élixir de jouvence. Le secret d'une beauté immortelle est dans nos cuisines.

Les bienfaits de cet ingrédient magique ne s'arrêtent pas là, il est tout aussi puissant sur nos cheveux : il resserre les écailles, atténue les frisottis, lisses, facilite la pousse, augmente la brillance et la souplesse.

# Eau de riz

peau et cheveux

# PRÉPARE TON EAU DE RIZ

Ce rituel, tout en conscience, est sûrement l'un de mes préférés. J'aime ce moment magique, dans ma cuisine, la lumière de la hotte allumée, une bougie à la cannelle à côté, des feuilles de lauriers qui sèchent au mur, pendant lequel je prépare mes prochains rituels. Préparons ensemble cet élixir magique que j'utilise depuis des années, avec un seul et unique ingrédient : le riz.

- Choisis de préférence un riz bio, non traité.
- Rince le riz à l'eau, afin de le nettoyer des résidus.
- Fais bouillir une casserole d'eau, n'y ajoute pas d'huile, de sel ou autre. Verses-y le riz et mélange régulièrement, doucement, avec une cuillère en bois, idéalement dans le sens des aiguilles d'une montre afin d'attirer les bienfaits. Apprécie ce moment. Pense au soin qui va suivre, à ce que cette mixture va t'apporter. Le riz doit cuire longtemps et devenir très fondant, gluant, « raté ».
- Une fois ton riz cuit, égoutte-le, et récupère l'eau de cuisson dans un récipient.

- Mixe ensuite le riz dans un mixeur ou un blender, ou fouette-le au batteur, avec un peu d'eau de cuisson. Ta préparation doit être légère et onctueuse, sans grumeaux.
- Garde un peu d'eau de riz dans un flacon ou une petite bouteille, elle te servira d'élixir pour le visage.
- Ton masque de riz pour une chevelure soyeuse est prêt. Tu peux y ajouter un peu d'huile de ton choix, du miel, ou un peu de citron. Pour ma part, je l'affectionne nature.
- Enduis ensuite tes cheveux de cette préparation, des racines aux pointes. Enveloppe le tout dans une serviette et laisse reposer environ une heure. Rince le tout et laisse tes cheveux sécher à l'air libre.

Tu peux utiliser l'eau de riz mise de côté en spray ou lotion pour le visage, à appliquer avec un coton. Elle rend la peau plus douce. Tu peux aussi en faire ton eau de rinçage pour tes cheveux. Elle se conserve deux à trois jours au réfrigérateur.

# MON SPRAY À L'EAU DE CAMOMILLE

La camomille est magique ! Elle te permettra d'éclaircir naturellement tes cheveux, de leur donner de beaux reflets blonds – ou d'accentuer ceux que tu possèdes déjà.

- Dans une casserole ou une marmite, fais bouillir de l'eau et mets à infuser une dizaine de fleurs de camomille. Pour ma part, je les trouve chez mon épicier bio.
- Coupe le feu et laisse-les infuser dans l'eau une dizaine de minutes.
- Laisse refroidir l'eau… c'est prêt ! Utilise cette infusion en spray avant de te mettre au soleil, ou en eau de rinçage après ton shampoing. Après un usage régulier, tes cheveux s'orneront de doux reflets !

Si tes cheveux sont bruns ou châtains, et que tu souhaites faire ressortir leurs reflets cuivrés, la cannelle est ton ingrédient magique ! Utilise-la en masque avec un peu d'eau, laisse-la poser sur tes cheveux. Attention à ne pas laisser agir trop longtemps.

# Spray cheveux

Camomilles infusées

Faire infuser des fleurs de camomille une dizaine de minutes dans une casserole d'eau bouillante. Attendre que l'infusion refroidisse. Dans un spray, vaporiser sur la chevelure en eau de rinçage ou en spray avant de s'exposer au soleil.

Eau de lune

# MES RITUELS

# TASSÉOMANCIE ET AUTRES TECHNIQUES DE VOYANCE

La divination est un outil de sorcellerie incontournable. Un grand nombre de sorcières – pour ne pas dire toutes – utilisent une forme de divination. Qu'il s'agisse de la cartomancie, du pendule, de l'astrologie ou autre, il en existe des dizaines de formes. Le tout est de trouver celle qui nous convient le mieux, celle qui résonne en nous. Pour ma part, j'aime énormément la divination, tout est présage selon moi : une plume blanche tombée à un endroit, une forme dessinée dans les nuages lorsque j'ouvre mes volets au petit matin, la répétition d'heures miroirs… Mon corps, ton corps, tous les corps vibrent sur des énergies puissantes. La nature offre elle aussi un monde merveilleux de divinations.

Depuis toujours, les prêtresses, oracles, druidesses – oui, j'utilise le tout au féminin, car les guérisseuses, sages-femmes et autres sorcières étaient principalement des femmes, je ne laisserai pas le patriarcat envahir la divination ! – utilisaient la nature et ce qu'elles avaient autour d'elles comme premier outil de divination : la direction des oiseaux dans le ciel, la danse du feu (pyromancie), les présages par la fumée (capnomancie), la divination par les flammes d'une bougie (lychnomancie) et tant d'autres…

Le tout est d'essayer différentes techniques et de choisir celles qui nous conviennent le plus. Ou simplement de se satisfaire d'une divination dans laquelle nous nous sentons bien.

Voici quelques exemples de domaines de divination qui me fascinent :

- la brizomancie : divination par l'interprétation des songes. La déesse grecque Brizo veille sur le sommeil et y dispense des rêves prophétiques ;
- la cristallomancie : divination à l'aide de cristal ;
- la lithomancie : divination par les pierres ;
- la nairancie : divination sur les aspects du Soleil et de la Lune ;
- la bibliomancie : divination par la lecture d'un texte au hasard ;
- la numérologie : divination par les nombres ;
- l'astromancie : divination par l'étude des astres.

D'autres m'ont laissée quelque peu dubitative, comme la céphalonomancie ou képhalonomancie – la divination par la tête d'un âne ou d'une chèvre –, ou encore la crommyomancie – la divination par les oignons, qui doit faire verser énormément de larmes, avouons-le ! Je ne me sens pas très attirée par ces pratiques et laisse à d'autres consœurs le plaisir de les pratiquer.

Ici, parlons de deux arts divinatoires qui m'ont énormément intriguée : la tasséomancie et la caféomancie. Le café est, comme tu t'en doutes très certainement, l'une des boissons les plus consommées du monde, avec, ma boisson fétiche, le thé. Mais qu'est-ce donc, Audrina ? La caféomancie est une lecture divinatoire par interprétation dans le marc de café, se rapprochant de la tasséomancie, la lecture dans les feuilles de thé qui serait née en Chine, où le rituel du thé est très ancré.

Je ne suis pas grande adepte de café, mon corps réagit très vite à ce breuvage bien trop fort pour moi, à tel point qu'après une tasse je peux avoir des palpitations, des vertiges et me mettre à parler très vite. Ces atteintes sur le corps, aussi différentes soient-elles sur les uns et les autres, ont valu à cette boisson le nom de « breuvage du diable ». Les effets désinhibiteurs rendaient les plus calmes surexcités, en route sur le chemin de la « perdition ». Le diable entrait dans le corps des individus consommateurs de café.

La tasséomancie est un réel bonheur, un moment pour moi, durant lequel je prends du temps, je me pose avec cette tasse d'un breuvage magique – un thé vert ou un matcha le matin, un thé glacé l'après-midi, une infusion le soir, avec une bougie, lovée dans mon fauteuil moelleux –, que je sirote en posant mes intentions, en réfléchissant aux choses de la vie (il y a de quoi penser !).

Ce soir, après une journée sous le soleil, je rentre et prépare cette boisson aux vertus magiques, afin de pratiquer une petite séance de divination dans les feuilles du breuvage. Alors, prenons une tasse de thé ensemble…

- Prends une tasse, large de préférence – un mug n'est pas très adapté, les bords étant plus hauts et le fond moins large, il sera plus compliqué d'avoir une bonne visibilité des symboles. De plus, la lecture se fait dans la totalité de la tasse, le fond et les bords. Plus l'espace de lecture sera large, plus grande sera l'interprétation. Choisis de préférence une tasse blanche ou de couleur claire, afin de mieux distinguer les feuilles de thé (ou le marc de café), des motifs à l'intérieur de la tasse rendraient la lecture compliquée. Munis-toi aussi d'une soucoupe, car je te propose de pratiquer la tasséomancie avec la technique de la tasse inversée.

- Le choix du thé est tout aussi important. Les feuilles de thé choisies vont porter un sens lors de la divination. Si les feuilles sont trop grandes, la lecture ne sera en rien évidente, de même pour un thé trop « cassé », qui risque de former de trop gros amas de thé dans la tasse. Choisis le thé ou les plantes en fonction de tes besoins. Les plantes sont bien entendu à associer avec les feuilles de thé, les feuilles de plantes n'étant généralement pas adaptées en termes de tasséomancie, selon leur taille, masse, etc., elles risquent principalement de gêner la lecture et de la rendre moins fiable. Les différences de thés varient suivant l'oxydation de ces derniers, ils peuvent être fumés ou non. Les thés :

- thé blanc de chine : spiritualité ;
- thé noir de chine : généralité ;
- thé épicé à la cannelle : action, mouvement et créativité ;
- thé au citron : bonne fortune et affaires ;
- thé noir à la bergamote : commencements et nouveauté ;
- thé vert : santé, guérison physique ;
- thé au jasmin : santé du cœur ;
- thé à la menthe : étude, éducation, apprentissage et sagesse.

Les plantes :

- tisane et citron : purification ;
- camomille : sommeil, rêves et souhaits ;
- verveine : digestion ;
- thym : défenses naturelles, guérison des maux de gorge, antioxydant, expectoration, soulagement des ballonnements, bonne digestion ;
- mélisse : calme, sommeil, bonne humeur, n'hésite pas à en cultiver, car en plus, les abeilles en raffolent ! ;
- valériane : sommeil. diminution du stress, et de l'irritabilité, endormissement ;

* ortie : fortification, régulation, lutte contre la fatigue et le surmenage. Associée à la reine-des-prés, elle favorise le bon fonctionnement des articulations. Riche en fer et magnésium.

- Fais bouillir ton eau, idéalement à la température conseillée pour le thé choisi – évite le micro-onde, qui diffuse de mauvaises ondes dans ta boisson aux mille vertus, et qui ne permet pas de verser l'eau depuis un contenant chaud sur les feuilles de thé –, privilégie une casserole, une bouilloire ou une théière.

- Quand l'eau est prête, dépose le thé au fond de ta tasse et verse l'eau délicatement. Le thé sera infusé directement dans la tasse, sans aucun support, pas de boule à thé, de sachet ou autre.

- Bois ton thé, savoure cet instant, ce moment à toi. Relâche ton corps et tes pensées. Prends ta tasse par l'anse d'une main et place ton autre main bien autour, enveloppe-la de toute ton énergie. Pense à la question posée. Ferme les yeux et savoure ta boisson. Ce moment est mon étape favorite du rituel ; c'est celle au cours de laquelle je me pose réellement, je pose mes intentions, mes questions, je décompresse, et celle pendant laquelle j'accueille à moi les énergies du breuvage.

- Laisse un peu de thé au fond de ta tasse, afin que le reste de liquide aide les feuilles à se fixer sur les parois. Tiens l'anse de la main gauche et fais tourner délicatement le reste du breuvage dans le sens des aiguilles d'une montre, en t'assurant que le reste de thé monte bien haut dans la tasse, jusqu'aux bords de cette dernière.

- Prends la soucoupe et dépose-la à l'envers sur ta tasse. Retourne le tout. Tapote trois fois dessus, doucement, afin d'apporter ta demande et, bien entendu, de faire tomber les feuilles de thé.

- Après une dizaine de minutes… (musique de suspense) retourne délicatement ta tasse, et découvre ton message.

- Prends ton temps ; ce moment est primordial, ne précipite rien. Concentre-toi et fais appel à ton intuition. Tu peux prendre un carnet, dédié ou non à ceci, et y noter tes impressions, tes ressentis, y décrire les premiers symboles que tu vois. Certains symboles te sauteront aux yeux, comme une évidence. Pour d'autres, il te faudra peut-être retourner la tasse, regarder sous un autre angle. Il peut y avoir plusieurs symboles, comme il ne peut n'y en avoir qu'un.

- Une fois que tu as repéré tous les symboles, la lecture commence : l'anse de la tasse en face de toi, lis à partir de la gauche de l'anse, jusqu'au milieu, en face de l'anse. Les symboles aux bords de la tasse sont ceux à venir prochainement. Ceux dans le fond de la tasse, ceux à venir sur un plus long terme (18 mois environ).

Ce qui est dans le haut de la tasse (toujours par rapport à l'anse) est une réponse positive, en bas une réponse négative.

Pour l'interprétation des symboles, fie-toi toujours à ton ressenti, à ton intuition. Par exemple, pour ma part, un ours me fait penser à la famille. La meilleure interprétation et signification, c'est celle qui émane de ton ressenti. Ton intuition est ton meilleur outil. Voici quelques significations de symboles :

- une ancre : si elle est nette, grande stabilité ; si elle est floue, instabilité ;
- une flèche : une nouvelle arrive ;
- un oiseau : chance ou voyage ;
- des nuages : doute, soucis et problèmes ; nuages avec des points autour : succès ;
- un anneau : amitié, amour, relation ;
- une horloge : santé ;
- un papillon : chance et moments heureux ;
- une fourche : décision ;
- un avion en haut de la tasse ; un voyage dans peu de temps.

**Caféomancie**

**Si tu réalises une séance de caféomancie, je te propose de récupérer le marc de café pour ton corps (en gommage, par exemple) ou pour tes plantes (*Mes tutos de sorcière bienveillante*, « Marc de café », page 66).**

- Conclue en inscrivant dans ton carnet les prédictions que tu as tirées des symboles et de tes interprétations. Prends le temps de penser à ce que cette divination signifie pour toi.

Il m'est particulièrement agréable de reprendre ce carnet dans lequel j'écris tous mes rituels de divination, cartomancie, pendule, tasséomancie, etc. Ce qui est toujours fou et magique pour moi, ce sont les liens que je peux faire entre toutes mes divinations. Toutes celles réalisées sur un mois, par exemple auront quasiment toutes une résonance entre elles. Certaines vont même se compléter… C'est pourquoi il est utile d'avoir ce carnet qui les rassemble toutes, car une vue plus globale apporte beaucoup ! La magie est révélatrice de tant de choses…

# Tasséomancie

# LA PSYCHOGÉNÉALOGIE

« Nos cicatrices nous rappellent d'où on vient. »

Nelson Mandela

Les cicatrices, celles du corps comme celles de l'esprit, représentent tout ce que nous avons traversé, ce qui reste en nous. Comme marquées au fer rouge, elles symbolisent nos blessures passées, de cette vie, des précédentes, et même de celles de nos ancêtres. Toutes ces blessures impriment notre histoire.

Une blessure peut se répéter de génération en génération et ainsi marquer une famille ; il s'agit alors d'un schéma répétitif, lorsqu'un drame arrive plusieurs fois dans l'histoire d'une même famille.

« La famille, ce havre de sécurité,
est en même temps le lieu de la violence extrême. »

Boris Cyrulnik

Toutes les familles ont leurs mystères, leurs secrets, leurs drames, leur lot d'événements plus ou moins marquants. Ces empreintes collectives peuvent devenir des traumatismes touchant des membres en particulier : toutes les femmes, tous les hommes d'un certain âge, ou encore plusieurs personnes de la famille au même moment de leur vie, etc.

Ainsi, nos cicatrices sont aussi celles de notre passé ; elles nous informent de ce que nous, notre famille et nos ancêtres avons vécu. Elles nous permettent de savoir d'où nous venons afin de comprendre qui nous sommes, et de savoir où nous allons.

Un grand nombre de personnes ne se connaissent pas vraiment. Savons-nous vraiment qui nous sommes, et avons-nous réellement envie de le savoir ? Personnellement, mon passif familial des plus houleux ne me donne pas forcément envie de m'y pencher. Et pour autant, plus les évènements marquants se produisent, moins l'évidence d'un schéma répétitif peut être niée. Ne serait-il pas intéressant de connaître son histoire, pour mieux se connaître ?

La psychogénéalogie peut être une alliée de taille dans cette conquête de soi. Elle allie la généalogie et la psychologie. Par exemple, faire son arbre généalogique relève de la généalogie, alors que l'analyser, le lire, le comprendre, relève de la psychologie. Ainsi, la psychogénéalogie (ou analyse transgénérationnelle) peut être excellente pour toutes et tous ceux qui souhaitent en apprendre plus sur leur histoire familiale. D'ailleurs, Freud nous le préconisait : « Interrogez le passé familial pour résoudre les problèmes du présent. »

Alors, discutons avec les fantômes du passé pour avancer dans le présent. Arborant mon appréhension et mon anxiété tant connues, je me décide à lever le voile sur ce passé si délicat. Un stylo dans ma main tremblotante, une feuille de papier devant moi, je note les premières informations que j'ai en ma possession au sujet de ma famille. Le peu d'informations. Très peu, dirais-je même.

Alors qu'une enfance plus ou moins tranquille s'était dessinée, ma préadolescence et mon adolescence ont été des plus tumultueuses. J'ai appris, par mon père, quelques évènements marquants de mon histoire. Cet homme, que j'appelle tendrement « Papa » ou « Daddy », est mon père de cœur, mais nous ne partageons pas le même sang. Nos sangs ne sont en rien similaires mais nos cœurs battent à l'unisson. Ma famille, c'est lui, ses parents, et mon petit frère. Le côté maternel est… Je n'ai pas de mots tant il y a de maux. Une mère violente par ses propos et ses gestes. Petite, j'étais pour elle le reflet de cet homme dont elle était tombée enceinte, celui qui la battait, et qui a fait arriver un enfant dans sa vie, trop tôt, à ses 18 ans. Je n'étais pas désirée.

À seize ans, je vis une adolescence tempétueuse : un divorce, une trahison, des déménagements, une nouvelle belle-famille, une relation toujours plus épouvantable avec la matriarche. Les disputes sont incessantes, je suis ignorée par ma mère et son nouveau compagnon. Toujours sur le qui-vive, j'essaye de bien faire pour ne pas m'attirer leurs foudres ; je ne fais cependant plus partie de la famille. Je repense à cette petite phrase dans le journal intime vert de mon enfance. Ça y est, j'y suis. Des disputes, des menaces, des cris, des pleurs. Mon père est atteint d'un cancer, je suis loin de lui, dans une famille qui ne m'accepte plus. Ma mère me renie, son compagnon guette mes faits et gestes, avec un regard parfois… malsain, et malaisant. Mon petit frère a pour ordre de ne plus jouer avec moi. Après une dispute, j'apprends que ma mère a lu mon journal intime, celui dans lequel j'écris mes pensées les plus noires, mes secrets sur mes premiers amours, mes mots sur elle. Les représailles de mes mots, je ne les connaissais pas encore, mais les fantômes du passé allaient bientôt me les faire connaître. On m'ignore, personne ne répond à mes « Bonjour » matinaux, mes affaires ne sont plus lavées… Un soir, 22 heures, je m'étonne que l'on ne m'ait pas appelée pour dîner, j'ouvre doucement la porte de ma chambre, dans laquelle j'étais consignée pour je ne sais quelle raison, je descends les marches… Tout est noir. J'allume les lumières, il n'y a rien ni personne. Je suis seule ? La porte d'entrée est fermée à clef, pas il n'y a de clefs sur la porte. Je remonte à l'étage, peut-être sont-ils tous couchés et ne m'ont-ils une nouvelle fois pas prévenue pour dîner ? Délicatement, j'ouvre la porte de la chambre de mon petit frère : personne. Je ne comprends pas, une boule se serre dans mon ventre. Sont-ils partis ? Je retourne dans ma chambre, l'incompréhension la plus totale envahit ma tête. Les larmes montent, j'ai peur. Plus tard, j'entends du bruit, la porte d'entrée claque. Mon petit frère frappe à la porte de ma chambre, le sourire aux lèvres : il est content, ils étaient au restaurant…

Ainsi les journées se suivent et se ressemblent, je suis comme un fantôme qui erre dans la maison sans que personne ne se préoccupe de moi. À l'école, je suis moi-même, libre, mes ami·es ne savent rien de ce qui se trame chez moi. Un garçon veut que je sorte avec lui, je n'ai pas le droit de sortir, ni de le voir.

Un soir de mai ou de juin, la fin de mon année de troisième, je rentre de l'école. Sur le chemin, les battements de mon cœur s'accélèrent, ma tête tourne, je pressens quelque chose. Cette sensation envahit mon corps, je commence à paniquer, mes sens en alerte. À l'approche de la maison, je sais que je vais vivre quelque chose. J'ouvre la porte délicatement, le souffle coupé, je monte les escaliers menant à ma chambre. J'y vois ma mère, un sac-poubelle à la main, mes affaires éparpillées, une valise ouverte sur le lit, des photos sur le bureau. « Tu fais tes affaires et tu t'en vas, je ne veux plus de toi ici. » Ma vie prend un tournant radical, que je n'ai aucunement vu venir. Seize ans, je me retrouve à la rue, à l'abandon. La blessure de l'âme est douloureuse ; avais-je pressenti ce qui allait arriver, tout en ne l'ayant pas vu venir ? Était-ce possible ?

Le grand matin arrive, je dois quitter la maison définitivement, j'ai pour directive de laisser les clefs de la maison dans la boîte aux lettres en partant à l'école. Avec ma valise et mon sac d'école, le billet de train dans la main, je prends le chemin du collège. Mon meilleur masque sur le visage, je souris. Quand mes amies me demandent pourquoi j'ai cette valise, j'arbore un large sourire frimeur, et je mens, honteuse : « Je pars en vacances, les filles, eh oui, c'est ça d'avoir redoublé et d'avoir déjà son brevet, je peux partir avant vous ! » Je pars avant l'heure de fin de classe, pour ne pas rater le train qui m'emmène chez mon père de cœur. Je dis au revoir aux copines, sachant au fond de moi que c'est la dernière fois que je les vois.

Au moment difficile de prendre le train, j'ouvre mon sac pour prendre les billets de mon destin. À ma grande stupeur, ils ne sont plus là. Comment vais-je partir ? Je les avais en partant ? Je n'ai plus les clefs de la maison ! Mais d'ailleurs, je n'ai plus de maison ? Papa sort de l'hôpital, il ne pourra pas venir me chercher. Je ne connais personne ! Puis-je prendre le train sans billet ? Je suis à la rue… Mes pensées se bousculent. Je suis au plus bas, des idées noires me traversent l'esprit… J'appelle Daddy, lui m'aiguillera. Finalement, mes grands-parents chéris viennent de Picardie pour quelques jours chez lui. Ils font un détour et passent me prendre. Tout s'arrange : mes anges gardiens s'occupent de tout.

Cet évènement, le plus horrible de ma vie, a joué un rôle primordial dans mon histoire, créant des traumatismes en tous genres, dessinant une trajectoire que je n'avais pas imaginée.

J'ai appris par Papa que cette « mère » a vécu la même chose au même âge que moi. Mon petit frère, devenu adulte, m'a appris que ce schéma se répétait depuis au minimum quatre générations. Mais alors, quelle est cette malédiction qui semble toucher les femmes du côté maternel de ma famille, répétant ce triste schéma d'une relation mère-fille chaotique qui se termine par un abandon, une grossesse non désirée survenue trop tôt ? Durant de longues années, et tu t'en doutes, je n'ai pas voulu avoir d'enfants, encore moins une fille, par peur de reproduire encore et encore ce cauchemar familial.

Mon géniteur battait ma mère, qui me battait aussi, je ne tombe que sur des hommes violents… trois, à ce jour. Connaître son passé permet de comprendre son présent et d'anticiper son futur. Les cicatrices du passé, les traumatismes familiaux sont susceptibles d'être répétés, ils marquent notre âme comme des empreintes de coups marquent nos corps. Parfois, des schémas doivent se répéter pour que nous nous en libérions. Je pense que tu le sais, tout ce que j'écris ici résonne chez beaucoup de personnes…

« Il n'y a pas de hasard, il n'y a que des rendez-vous. »
Paul Éluard

À la suite de cette découverte, je remarque que les schémas toxiques se répètent dans ma famille – des violences conjugales, un abandon maternel violent, un beau-père –, mais pas seulement. À ma demande, je reçois de nombreux témoignages de mémoire généalogique sur les réseaux sociaux : des morts similaires qui se répètent, des dates identiques de décès ou de naissances, des tragédies répétitives sur plusieurs générations (mort de tous les hommes d'une lignée la veille de leurs quarante ans), des maladies non héréditaires récurrentes sur les descendances, des peurs de décès identiques ancrées chez toutes les femmes d'une famille qui apprendront plus tard qu'une ancêtre est décédée de cette façon… Il s'agit ici de répétitions inconscientes de modèles « non remis en question ».

Les prénoms peuvent aussi en dire très long sur notre histoire. Voici la signification du prénom Audrina selon le site parents.fr : « Audrina est un prénom qui dénote une personnalité extravertie. Audrina est souvent en demande d'affection, et, étant de nature enthousiaste, elle s'avère également sociable. Elle est ouverte d'esprit, et parfois, Audrina se montre trop sûre d'elle. Elle se met au défi sans sourciller et atteindra les buts qu'elle se fixe. Enfant, elle n'aime pas la solitude et a besoin d'être entourée. Parent d'une petite Audrina, il est agréable de faire avec elle des activités en groupe. Pour lui permettre de trouver son équilibre, il est sain d'être à l'écoute. De plus, pour lui permettre de s'accommoder de son surplus de confiance, il faut la rappeler à l'ordre si elle va trop loin. » Effectivement, je m'y reconnais.

Tu l'as bien compris, pour te connaître, il peut être intéressant de savoir d'où tu viens. Et si comme moi, tu es une enfant de cœur, adoptée par une belle famille, ton nom et ton prénom peuvent aussi beaucoup en dire. Si tu ne connais pas ton nom, ton prénom de naissance, que ton passé est aussi fantomatique que tes souvenirs, laisse-toi aller, une méditation peut aussi énormément t'aider. Installe-toi, ferme les yeux et laisse la mémoire de tes ancêtres venir à toi. Fais confiance à tes souvenirs ancestraux. Cette méditation peut bien sûr être pratiquée par tout le monde.

Parfois, certains souvenirs émergent, remontent à la surface. L'inconscient sait tout : quand la mémoire oublie pour « effacer » le traumatisme, l'inconscient, lui, le met en lumière, parfois sous forme de transes, c'est-à-dire en parlant sans contrôle et sans retenue en faisant presque inconsciemment ressortir des souvenirs enfouis, des moments de vie oubliés, des souvenirs que l'on avait pris pour des rêves, des moments douloureux pris pour des cauchemars.

Boris Cyrulnik écrit, dans son ouvrage *Un merveilleux malheur*[1] : « Il n'est pas question de dire que la maltraitance n'est rien, c'est une grande souffrance qui contrait à utiliser la partie saine de la personnalité pour se défendre et produire encore plus d'humanité ». Cette phrase est si criante de vérité.

---

1. Éditions Odile Jacob, 2022.

### L'inconscient s'exprime

Les transes, les rêves et les « coïncidences » ont donc leur rôle à jouer dans la compréhension de notre généalogie, car c'est là que s'exprime l'inconscient. Ils peuvent aussi révéler des choses dont nous n'avions pas conscience jusqu'ici. Alors, si tu te souviens de tes rêves, n'hésite pas à les noter dans un « cahier des songes », il regroupera tout ce que ton inconscient te dit. Les synchronicités, les rendez-vous, les hasards, qu'importent les noms que tu donnes à tout cela, sont aussi fous de révélations.

Ton corps te parle, il somatise, comme je l'ai déjà évoqué plus tôt. Sache qu'il peut parfois s'agir d'une douleur d'une personne passée. Tes ancêtres peuvent rester dans ton corps physique, dans le sens où ton corps se souvient d'eux, il connaît les malaises transgénérationnels et les manifeste par la somatisation, puisqu'il ne peut pas le faire par des mots. Le corps dit ses mal-aises.

« Il nous faut peu de mots pour exprimer l'essentiel. »
Paul Éluard

Ne néglige pas les traumatismes de ta vie et de ton passé. Les expériences vécues demeurent dans nos corps, nous pouvons les utiliser pour nous reconstruire et créer quelque chose de nouveau, de bon, pour avancer et guérir de ces maux.

« Vivre, c'est naître lentement,
il serait un peu trop aisé d'emprunter des âmes toutes faites. »
Antoine de Saint-Exupéry

Les mémoires du corps sont fascinantes. Aujourd'hui, j'ai découvert ce passé, je l'ai compris. Alors, je peux travailler dessus et rompre ce schéma, aussi négatif et douloureux soit-il.

Bien sûr, rien n'oblige à le faire. Certaines choses sont extrêmement difficiles à travailler, accepter, pardonner ou même changer. Si toi aussi tu vis tout ceci, et que tu ne veux pas ou n'arrive pas à changer certaines choses, c'est O.-K. ! Ne te sens jamais, ô grand jamais, amoindrie de quoi que ce soit. Je n'arrive pas non plus à tout changer, tout accepter, et encore moins à tout pardonner. Et c'est très bien ainsi. Je fais de mon mieux et c'est énorme ! Alors, accepte-toi, avec ton histoire, aime-toi, et sois juste envers toi-même.

Je peux être « attirée » inconsciemment par un profil d'homme lié à mon schéma répétitif : ceux qui me violentent, physiquement et psychologiquement. Parce que j'aime ça ? Non, bien entendu. Mais parce que je vais me diriger inconsciemment vers ce que mon cerveau connaît.

Même si je sais au fond de moi que ceci n'est pas bon pour moi, que je ne mérite pas ceci, c'est ce que je connais depuis ma tendre enfance. Ces hommes sont quelque chose de « rassurant » pour mon cerveau. Après avoir travaillé sur moi, appris et compris, je repère plus vite ces individus toxiques et je peux partir plus rapidement. Aujourd'hui, j'ai fait du chemin, je suis fière de moi, de ce que j'ai fait, du parcours accompli, et de ce que je crée chaque jour. N'aie pas peur ou honte, chacun fait ce qu'il peut avec ce qu'il a.

J'ai entendu à plusieurs reprises cette phrase : « Si tu as vécu tout ceci, c'est que tu devais le vivre. C'est la vie, c'est comme ça, l'Univers a décidé ça pour toi. » Durant de longues années, j'ai accepté des choses que je n'aurais jamais dû accepter, j'ai eu honte de choses que j'avais vécu. Pire, j'ai culpabilisé d'avoir vécu des atrocités, pensant que j'étais responsable, que c'était ma faute. Quel poids sur les épaules que de culpabiliser ! Aussi lourd que le monde sur les épaules d'Atlas, je porte ce fardeau des douleurs vécues.

Humiliation, abandon, violences conjugales, attouchements sexuels… J'ai longtemps porté ces traumatismes et marché tête baissée. Alors, aujourd'hui, j'écris ces mots : non, je ne mérite pas tout ceci !

Personne ne « mérite » d'être violenté, abusé, touché. Personne ne mérite de subir tout ceci. Qu'importent les personnes « spirituelles » qui vous disent que l'Univers en avait décidé ainsi. Qu'importent les accusations. Non ! Personne ne mérite cela.

Et si la honte changeait de camp ? Et si la honte était éprouvée par les bourreaux, et non par les victimes ? Et si… on enlevait le « et si » ? La honte DOIT changer de camp. Je ne suis en rien responsable de ce que j'ai vécu, qu'il s'agisse de schémas familiaux répétés à la suite d'agissements inconscients de ma part et de la part de mes ancêtres, de ces violences perpétrées par mes « partenaires », ou des attouchements faits par ce « professionnel » qui devait me soigner et a abusé de moi. Non, je ne dois pas avoir honte. Je ne dois pas avoir honte de ce que j'ai vécu, de tous ces traumatismes que j'ai pu vivre. Je n'ai plus peur non plus de dire que tout ceci, tous ces évènements sont des traumatismes. Durant de longues années, j'ai eu ce sentiment illégitime de dire que ce que j'avais vécu n'était pas un traumatisme, que ce n'était rien, qu'il y avait pire dans la vie et que certains vivaient des choses tellement plus douloureuses que moi, que ça.

Eh bien non… Encore une fois, j'accepte ce que j'ai vécu, mais je ne pardonne pas et je n'ai pas honte. Ce que j'ai vécu, ou ce que tu as vécu, qu'importe ce que disent les autres : si cela te fait mal, alors n'aie pas honte. Ce que tu dis est ta vérité et elle peut et doit être entendue.

Alors, aujourd'hui, je n'ai plus honte de dire ceci : « Je m'appelle Audrina, j'ai vécu des choses extrêmement difficiles et douloureuses qui m'ont traumatisée. J'ai été abandonnée, humiliée, violentée et abusée. Et je n'ai pas à avoir honte. Je suis la victime. La honte change de camp. »

Si toi aussi tu as vécu et subi, ou vis et subis aujourd'hui, des choses, n'aie pas honte. Tu es fort·e, sache-le. Et si tu as encore du mal à l'accepter, à le dire, à le réaliser ou autre, c'est aussi bien. Va à ton rythme, écoute-toi. Réveille cette lumière en toi. Elle ne demande qu'à briller.

# LETTRE À MON ENFANT INTÉRIEURE

« Ma douce, en boule, apeurée dans un coin sombre, tu as peur, tu es triste, tes larmes coulent. Négligée, délaissée et maltraitée, tu n'as pas été prise en considération.

Longtemps, tu as cru que l'amour devait être gagné, mérité. Alors que toi, haute comme trois pommes, tu débordais de cette énergie si forte. Dégoulinante d'amour, tu demandais cette affection en réconfort ; quand tes émotions te submergeaient, la violence était la réponse.

Ma douce, durant de longues années, l'incompréhension est de mise, tu écris dans ce journal tes pensées les plus intimes, tes secrets inavoués et tes sentiments les plus profonds. Mais surtout, tu écris ta douleur grandissante. D'années en années, les maux de plus en plus lourds sont couchés sur le papier bleu de ce journal. De jour en jour, des mots si durs sont jetés avec tant de lourdeur sur ces pages. De page en page, Petite, tu te livres. Tu te demandes, au fond, comment ça sera, quand tu seras grande ?

Alors, j'aimerais te le dire, Ma douce : ça va aléatoirement, c'est parfois dur, parfois doux, tu vivras des expériences folles, de grands tourments, des rencontres, et des douleurs si fortes que tu te demanderas si ton petit cœur va tenir, si c'est ça, la vie, être remplie de cette douleur.

Eh bien non, Petite, parce que tu verras que malgré tous ces obstacles et ces mauvaises rencontres sur ton chemin, tu seras une lumière éblouissante, ton sourire sera contagieux et tu rayonneras par ton énergie si puissante. Tu deviendras si forte que tu auras de grands pouvoirs, notamment un, le plus fort de tous : l'espoir. Parce que tu sais que mieux arrive, qu'après une tempête, le soleil rayonne toujours. Et ce soleil, il rayonne en toi. Tu es ce soleil.

En grandissant, tu apprendras des leçons de vie, accompagnée, et seule. Tu rencontreras des personnes qui te tendront la main, et t'accompagneront un petit bout du chemin. Certaines te lâcheront la main pour que tu puisses avancer seule, d'autres continueront de la tenir, longtemps, très longtemps.

Tu devras apprendre une règle simple : apprendre à être bien sur ce chemin, même quand la solitude te tiendra la main. Continuer d'avancer, même quand tu as peur. Mais rassure-toi, tu as le droit d'avoir peur durant toute cette balade, tu as le droit d'être en colère et de vouloir t'arrêter, de faire des pauses si tu en ressens le besoin. Ô, Ma douce…

Tu ne sais pas comment sera ce chemin, qui tu rencontreras et quels seront les obstacles. Mais il y a une chose qui est certaine, et je peux t'en faire la promesse ; je serais là, avec toi. Je te tiendrai la main. Je suis là, ma douce.

Alors, lève-toi, ce que tu as vécu est difficile, pardonne-moi de t'avoir oubliée, délaissée sur le bord du sentier. Tu as dû te construite seule, dans la douleur qu'un corps petit comme le tien ne pouvait contenir. Mais aujourd'hui, c'est terminé, je suis là, je fais demi-tour pour venir te rechercher. J'ai pensé pouvoir avancer sans toi. À cette petite fleur qui t'a manqué, que tu n'as pas eue, cette petite fleur cueillie au début du voyage, et si importante pour le reste du trajet. Ce petit trésor si précieux dans une vie, la confiance en toi.

Alors, aujourd'hui, avançons ensemble, main dans la main, avec cette fleur magique.

À toi, ma douce, cette petite enfant intérieure que j'ai oubliée. Aujourd'hui, avançons main dans la main, et affrontons ce voyage inoubliable, qu'est la vie.

Je t'aime »

# Lettre à mon enfant intérieure

Une feuille de papier

Ta plume

Tes souvenirs

# TA LETTRE À TON ENFANT INTÉRIEUR-E

Pour écrire cette lettre qui ne peut que te faire du bien, munis-toi d'une feuille, d'un crayon et d'une photo de toi enfant. Laisse les mots venir, glisser sur le papier. Laisse les souvenirs remonter à la surface, qu'ils soient bons, douloureux, troublants, enfouis. Laisse-les revenir doucement. Regarde-les, accepte-les et couche-les sur cette feuille de papier.

Regarde cette photo de toi, enfant. Parle-lui, dis-lui ce que tu aurais aimé savoir, ce que tu aurais voulu qu'on lui dise. Dis-lui tout ce que tu ressens, tout ce qui te passe par la tête. Aime cet enfant… Aime-toi. Avant, Maintenant et plus tard.

Cet exercice peut être très douloureux, il peut faire ressurgir des choses que l'on gardait enfouies bien au fond de soi, camouflées par les « c'était il y a longtemps ». Mettre en lumière ce bout de vie peut être difficile, provoquer une vague d'émotions, de souvenirs en pagaille. Et pour autant, c'est si important pour découvrir qui tu es, au fond de toi !

# PURIFIER SON INTÉRIEUR

Maison, appartement, chambre sous l'escalier, qu'importe notre lieu de vie, il est le reflet de nos émotions, de notre vécu et de notre quotidien.

Les énergies sont résiduelles : une rupture, un déménagement ou une période de fatigue, toutes les énergies restent au sein des murs. Les lieux ont eux aussi une histoire, des énergies qui leur sont propres.

Lorsque nous arrivons dans un lieu, les énergies présentes peuvent nous donner une indication, une idée, un ressenti des personnes qui vivent dans ce lieu ou le fréquentent. Un endroit chaleureux, une douce odeur, une atmosphère calme et paisible : les énergies sont bonnes. En revanche, il t'est déjà sûrement arrivé.e d'entrer dans un lieu et de sentir une oppression, une mauvaise sensation, un mal-être… Tu l'as compris, les énergies n'y étaient en rien positives.

Il y a quelques années, en entrant dans la maison d'une amie, j'ai ressenti cette oppression sur la cage thoracique, qui m'a coupé le souffle, en plus d'un léger mal de tête. Les mois passant, à chacune de mes venues, j'avais cette même sensation. Les énergies résiduelles n'étaient pas « bonnes » en ce lieu. Nulle sensation de bien-être ou de plénitude. Un après-midi, après une discussion avec cette amie, j'ai appris que des évènements tragiques avaient eu lieu dans cette maison. Mon sang n'a fait qu'un tour, j'ai compris très vite que certaines énergies et présences n'avaient pas été libérées, nettoyées. Les puissances passées étaient toujours sur le lieu.

Les lieux de vie sont comme ton propre intérieur, ils ont besoin d'être aérés et rangés. N'as-tu jamais ressenti ce besoin de ranger ton cocon quand quelque chose n'allait pas ? Ranger à l'extérieur pour être ordonné à l'intérieur. Régulièrement je change la place des meubles dans mon salon, ma chambre et mon bureau. J'ai ce besoin de changement, de nouveauté, de fluidifier les énergies présentes. Pour diverses raisons, mon cocon est à l'image de ce que j'ai en moi : un capharnaüm intérieur. Ranger mon appartement, choisir une nouvelle décoration ou déplacer les meubles peut me faire un bien fou, comme une sensation de renouveau, de remise en ordre. Néanmoins, tout ceci peut être une étape vers une purification plus poussée.

En effet, quand les énergies sont installées, il faut parfois entrer en action et passer à l'étape suivante. Lors de mon emménagement, je sentais une énergie, celle des anciens propriétaires. Ce vieil immeuble a une histoire, je la ressentais. Après un coup de fumigation, avoir ouvert grand les fenêtres et allumé quelques bougies, j'étais prête à investir les lieux.

Il est nécessaire, lors d'une arrivée dans un nouveau logement, de prendre possession de ce dernier, dans le respect et la bienveillance. Tous les lieux ont une vie, même une maison neuve peut être bâtie sur un terrain chargé d'histoire, et renfermer des énergies, des vies. La terre n'est qu'énergies.

Lors de mon arrivée dans ce vieil immeuble, j'ai ressenti toute l'histoire qui planait sur les lieux. Je devais faire le tri entre les énergies à évacuer et celles qui pourraient rester ici, parce qu'elles faisaient partie de l'histoire de ce lieu.

À la suite d'une rupture qui m'a ramenée vers d'anciens démons, je sentais l'atmosphère de mon appartement lourde, pesante, voire effrayante. La tristesse, la nostalgie, mes traumatismes enfouis et les nouveaux n'ont fait qu'amplifier les énergies négatives de l'appartement ; à cela s'ajoutaient la fatigue, émotionnelle et physique.

Un grand nettoyage devait être fait, pour éliminer et laisser partir ce qui devait partir.

# POUR DE BONNES ÉNERGIES DANS TON FOYER

Aux grands maux les grands remèdes. Tout ce qui est écrit ici n'est encore une fois que ma façon de purifier mon logement, libre à toi de te créer ton propre rituel et de l'adapter selon tes intentions ! Voici ce que je te propose donc de faire, idéalement en lune décroissante, pour éliminer ce que tu veux éliminer.

- Avant toute chose, ouvre en grand toutes les fenêtres du logement. Laisse entrer l'air frais et vivifiant, et laisse sortir l'atmosphère lourde.

- Allume des bougies blanches dans toutes les pièces du logement, plusieurs si tu sens que l'atmosphère est plus lourde dans certaines. Les bougies blanches aident à la purification et à faire entrer la lumière. Attention, toutes les bougies doivent être posées sur une surface plane et loin de toute source inflammable, rideaux par exemple.

- Utilise un bol tibétain, très connu pour ses mille et une vertus, ou lance une musique de bols et de chants tibétains. Instantanément et comme par… magie, ressens l'apaisement, souris si tu en as envie. Ces sons sont si puissants !

Un bois de palo santo dans une main, une bougie blanche dans l'autre, commence par la partie la plus éloignée de ta porte d'entrée, afin de nettoyer au fur et à mesure depuis le fond de l'appartement jusqu'à la porte d'entrée principale, à la fin.

Ayant déjà testé les bâtons de fumigation de sauge et les fleurs purifiantes, je préfère de loin l'odeur du bois de palo santo, beaucoup plus douce à mon goût. Parfois, j'utilise un encens de benjoin, pour la purification et la protection : il est idéal pour ce type de rituel, mais l'odeur est plus prenante.

Le bois ou l'encens dans la main, nettoie les murs, le plafond, pense à faire passer la fumée sous les meubles. La chose la plus importante lors d'un rituel, quel qu'il soit, tu la connais, c'est l'intention ! Mets-y l'intention la plus puissante possible, visualise le négatif se dissiper au contact de la fumée, et imagine-le s'évacuer par la fenêtre.

- Afin de renforcer ton intention, tu peux réciter à voix haute un mantra positif et bienveillant. Voici celui que je te propose : « Par cette fumée et cette lumière, je purifie les lieux, que les énergies négatives retournent à la terre et soient transmutées en lumière. » Ce petit mantra est mon favori, simple et efficace. Je l'adapte à quasiment tous mes rituels. Parfois, je le complète suivant mes besoins et mes intentions.

- Fais le tour de l'appartement pièce après pièce, en faisant toujours très attention aux miroirs. En effet, ils amplifient les énergies, positives et négatives. Prends le temps, devant chaque miroir, de bien nettoyer.

- Lors de la purification, profites-en pour purifier toutes tes pierres disposées aux divers emplacements de l'appartement, soit à l'eau, soit en fumigation, et profite aussi de ce moment pour nettoyer les coquilles Saint-Jacques dans lesquelles tu recharges tes pierres.

- En terminant par la porte d'entrée, ouvre-la en grand et « pousse » ce qui est à éliminer vers l'extérieur. À la dernière fenêtre de ton logement, intensifie le fait de « pousser » tout ce dont tu ne veux plus vers l'extérieur.

- Une fois le tout nettoyé en fumigation, repasse dans chaque pièce et ressens l'énergie dominante. Si tu ressens qu'une énergie négative demeure, repasse plus intensément dans la pièce afin d'éliminer. Si besoin, purifie de nouveau quelques jours plus tard.

- Une fois le tout purifié, éteins les bougies des pièces et ne laisse allumée que celle qui est la plus proche de la porte d'entrée ; laisse-la s'éteindre seule. Ainsi, elle emporte avec elle les derniers éléments négatifs.

- Enfin, pour terminer, et il s'agit ici de mon moment favori du rituel, ferme les fenêtres. Sens comme l'air est doux. Disperse dans les pièces un parfum d'intérieur infusé aux pierres correspondantes pour apporter l'énergie que tu souhaites. Par exemple, je possède une brume au quartz rose, à la rose et au patchouli, afin de disperser dans la pièce une énergie douce d'amour. Cette dernière est idéale pour la chambre, dans laquelle j'aime ressentir cette atmosphère douce et rassurante du quartz et de la rose. Libre à toi de créer tes petits plus et rituels adaptés à tes envies !

Attention : la fumigation est déconseillée en présence de personnes atteintes de troubles respiratoires, de femmes enceintes, d'enfants ou d'animaux.

# QUELQUES CONSEILS DE PURIFICATION

La purification ne fonctionne pas que pour les lieux, mais aussi pour les individus ! Moi-même, je me purifie, en cas de mauvaises énergies, quand j'ai été très longtemps avec une personne qui me fatigue, qui crée chez moi une sensation de mal-être, ou simplement quand j'ai été dans un endroit négatif. Je fais une purification par l'eau (comme lorsque tu nettoies tes pierres, par exemple) quand je reviens d'un rendez-vous pesant, ou par fumigation quand j'ai été avec une personne qui était très très chargée négativement.

## Petits plus pour de bonnes énergies dans le logement

Toujours rabattre la cuvette des w.-c., ainsi les énergies négatives délaissées ne remontent pas.

Placer des petits pots de gros sel pour absorber les énergies négatives, ou sel rose pour la sérénité et le calme, dans les coins des pièces. À changer régulièrement, d'autant plus s'il noircit ! Placer des coquilles d'œufs concassées, voire en poudre, sur les bordures des fenêtres (personnellement, je les glisse dans les bordures).

Suspendre un bouquet de laurier et romarin dans l'entrée ou aux abords de l'entrée, pour éloigner les mauvaises énergies et protéger les lieux.

Dessiner des runes de protections ou des fleurs de vie.

# LA MAGIE DES AUTRES

Début de journée, je sors de chez moi, le soleil, déjà haut dans le ciel, réchauffe doucement mon visage, je marche doucement et savoure ce début de journée qui semble idéal. Sur le trottoir, je m'arrête au feu. Un jeune homme, sur le trottoir d'en face, des écouteurs dans les oreilles, siffle. C'est vert, nous traversons, son sifflement résonne dans la rue quasi vide… Nous nous croisons, je souris, je reconnais la chanson : « Elle met du vieux pain sur son balcon, pour attirer les moineaux les pigeons. » *La vie par procuration* de Jean-Jacques Goldman. Le sourire aux lèvres, j'avance, et quelques pas plus loin, je siffle à mon tour cette chanson. Ah ! Le bonheur est contagieux.

Arrivée à mon café préféré, je rentre, la barista au comptoir me sourit. « Coucou, toi ! » Des mots simples, un sourire. « Salut, beauté ! Comme d'habitude, s'il te plaît. » Un coco matcha, un cinnamon et un jus d'orange pressé. Je m'installe sur ma table habituelle, ouvre mon ordinateur, sirote cette boisson chaude que j'apprécie tant. Je commence à écrire, un homme entre, il me sourit et lance un « Bonjour ! », je souris à mon tour : « Bonjour ! » Lui aussi est habitué de ce café, nous nous retrouvons tous les matins ici, amusés, pour travailler, chacun à notre table. J'écris, les lignes glissent à toute allure sous mes doigts, mon bracelet tinte sur l'ordinateur, certaines de mes bagues s'entrechoquent au rythme de la musique du café… Un regard furtif dehors, je souris.

Le bonheur est simple. Il se glisse dans les détails de la vie. Nul besoin des futilités que nous vend la société. Je n'ai ni grande richesse – bien au contraire, le métier d'autrice-illustratrice ne paye pas autant que ce que ma banquière aimerait, et elle est ô combien compréhensive ! Je n'ai ni maison, ni bien immobilier, ni comptes en banques florissants et encore moins une voiture déjà payée. Je n'ai pas de CDI et pas de retraite bien arrangée. Je n'ai rien… Et pourtant, je me sens riche. Ma plus grande richesse ? Ma sociabilité… Faire des rencontres, discuter, échanger avec les gens, des inconnus. Faire de ces baristas que je vois quasiment tous les jours de très bonnes copines. Créer des liens forts avec des abonnées Instagram, qui deviennent très vite des amies, nécessaires à mon quotidien. Échanger, créer un lien.

Je repense à ces moments, il y a quelque mois ; je venais depuis peu dans ce fameux café. Je m'installais sur la table proche du comptoir. Je voyais les gens entrer et sortir, commander, rire. Avec les baristas de ce café, on partageait, on échangeait, on riait. J'étais à une table près d'un comptoir, j'observais un rayon de soleil sur la grande place en face du café, une odeur de jus fraîchement pressé se mêlait à l'odeur du café moulu et coulé. Les rires des étudiants qui attendaient leur tour me parvenaient, on me lançait parfois ce fameux : « Alors, il avance, ce livre ? »

Cette table est restée ma petite table habituelle. Ce coco matcha est entré dans mon rituel du matin, et ces baristas sont devenues mes petites étoiles du matin. Un rituel, c'est cette petite chose que tu répètes avec une intention, un but. Le rituel du matin, c'est se préparer, prendre ce temps pour soi, s'apprêter avec des vêtements qui nous siéent, dans lesquels nous sommes à l'aise, bien, nous-mêmes. C'est prendre le temps de nous regarder dans le miroir, et, pour ma part descendre la rue jusqu'au café, rejoindre ma table habituelle, ces sourires amicaux, sympathiques, ces regards complices… Ma journée débute dans la douceur et la bienveillance.

Mais la magie n'est pas que dans cette routine matinale : elle est aussi dans la file d'attente, à la caisse, lorsque j'échange avec le couple âgé derrière moi ; en voiture, au feu rouge, lorsque je danse sur ma musique du moment et que, dans la voiture d'à côté, un monsieur me voit, sourit et danse à son tour. Je vous l'ai dit : le bonheur est contagieux.

Souriez et on vous sourira en retour. Il y a toujours une bonne boutade ou un sourire à faire. J'aime les gens, ceux qui m'entourent. Leur énergie est contagieuse, et ô combien j'aime ressentir la lumière qui émane de chacun d'entre nous ! Je me sens d'autant plus forte. Beaucoup me trouvent très solaire, rayonnante, puissante… mais ce qu'ils ne savent pas, c'est que ce sont eux qui me donnent une telle énergie, une telle vitalité. C'est vous, sur les réseaux, qui m'envoyez des milliers de mots doux et bienveillants, c'est ma famille, ce sont mes proches, tous…

Pourtant, la solitude a aussi ses avantages. Il y a peu, je ne comprenais pas cette envie, ce besoin d'être seule. Quand certains·es me disaient qu'ils ou elles aiment leur solitude, leur tranquillité, leur bulle, qu'ils ou elles aimaient n'avoir personne autour d'eux, profiter de la tranquillité et de l'apaisement que nous offre la solitude… La solitude ?

# Filtre d'amitié

Dans une eau de lune croissante, ajoutez des brins de confiance, trois pattes de complicité. Laissez mijoter le tout avec 6 cuillères de rires, remuez durant plusieurs minutes. Ajoutez de la communication en paillette, un nuage de tendresse et quelques princées de doux momennts. A utiliser aussi régulièrement que possible.

# DOUCE SOLITUDE

Un matin, alors que mes yeux s'ouvrent délicatement, mes bras s'étirent, mon dos s'allonge, je regarde à côté de moi. Personne. Pourtant, je sens une présence lourde, pesante. Une lueur perce l'obscurité de la chambre. Oh, oui, tu es là. Ici, tapie dans le coin de la pièce, tu es à la fois si discrète et si encombrante. Un pied au sol, puis l'autre, je me lève doucement. Par la fenêtre grande ouverte, le soleil et la chaleur se glissent dans la chambre. Tu files te cacher sous le lit.

Dans la cuisine, je me prépare un thé, tu es derrière moi, à me glisser des mots si étranges à l'oreille. Je me retourne : rien… tu es déjà partie te blottir dans les coussins du canapé. Bon sang…

Installée à mon bureau, je m'attelle au travail que j'ai à faire. J'ouvre la messagerie, regarde les mails et quelques réseaux sociaux. Rapidement, je tourne la tête je te sens. Tu es là, déjà dans le coin de la pièce, à regarder mes moindres faits et gestes. Tu m'oppresses. Je sais que tu es là, tu es d'ailleurs ma seule compagnie aujourd'hui.

Les journées passent, j'ai toujours les mêmes habitudes. Tu es ici, avec moi, je le sais, je le sens. Tu m'enivres. Durant de longues années, je t'ai évitée. Je ne te voyais pas ; du moins, je prétendais ne pas te voir. D'ailleurs, je ne t'apprécie aucunement, et tu le sais pertinemment. Du réveil au coucher, tu es à mes côtés, tu te colles à moi, tu aspires la moindre énergie que je possède. Quand parfois je sors voir une amie, tu sembles disparaître. Je te retrouve rapidement, au détour d'une ruelle, de retour chez moi, ou déjà dans le lit, à m'attendre.

Sors une bonne fois pour toutes de ce trou ! Sors de ce coin sombre ! Montre-toi !

Plusieurs semaines plus tard, tu es toujours ici, comme aux premiers jours. Je vis sans me préoccuper de toi. Tous les jours, je me demande si tu vas partir, si tu vas rester dans ces coins de pièces toute l'année… toute une vie ?

Un jour, de mon bureau, je te regarde du coin de l'œil. Tu as cet air triste. Les poings serrés, je prends mon courage à deux mains, je me lève et me dirige vers toi, la boule au ventre.

Je m'accroupis devant toi. Tu es noire, livide et glaciale. Je te tends la main. Doucement, je m'approche. Tu es là, si pesante et tourmentée. Tu t'approches à ton tour, doucement. Je te découvre réellement. Je t'emmène avec moi. Prenons un thé ensemble. Discutons, dis-moi qui tu es, ce que tu aimes faire. Et que fais-tu ici ?

Les jours défilent, les moments passés ensemble aussi. Tu ne te blottis plus dans le coin de la pièce, ou furtivement derrière moi. Dans mon lit, tu n'es plus froide, tu deviens chaude et réconfortante.

Je commence à apprécier ta compagnie, et tu sembles mieux vivre la mienne. Les semaines passent, nous passons beaucoup de temps ensemble. Parfois, lorsque je rejoins des ami·es, je pense à toi, et il me tarde de te retrouver. Tu dois être dans mon salon, paisible, à lire l'un de mes livres fétiches. Pour autant, j'apprécie d'autant plus leur compagnie quand je sais que je vais te retrouver. Lorsque je rentre, effectivement, comme promis, tu es là, à m'attendre, un sourire se dessine sur mes lèvres, je te rejoins sur ce fauteuil, partageant cette tasse de thé fumant et ce bon bouquin.

Les mois filent à une vitesse folle. Nous sommes enfin devenues amies, après des années à t'ignorer, à t'éviter. Nous sommes aujourd'hui proches et aimons la compagnie l'une de l'autre.

Nous profitons de nos moments si précieux, en compagnie des autres, nous profitons d'autant plus et savourons même davantage. Ton nom, qui auparavant m'effrayait, est aujourd'hui une douce mélodie qui sonne à mon oreille : Solitude.

Ma douce amie, je me sens bien en ta compagnie, tu me permets de profiter d'autant plus de la compagnie des autres… Solitude, ma nouvelle compagne de vie, que je retrouve avec plaisir.

# BALADE MAGIQUE EN PLEINE CONSCIENCE

Mère nature est selon moi la plus grande puissance qui existe. Gaïa est la source de tout. Elle crée, régénère, ressource et amplifie. La plus grande magicienne, c'est notre terre.

Se ressourcer en pleine nature, faire le fameux *shinrin yoku*, ou bain de forêt (*Mes tutos de sorcière bienveillante*, page 143), reste le plus grand bonheur que je connaisse.

Depuis quelque temps, je découvre les balades en pleine conscience. Alors que je me baladais avant pour réfléchir, me recentrer et décompresser, j'ai appris à lâcher prise, tu sais, cette chose qu'on te dit sans cesse de faire mais qui est en réalité si difficile à mettre en place. Grande hypersensible que je suis (Ah, Billie), mes sens sont toujours en alerte, sur le qui-vive, j'entends tout, je vois tout et, surtout, j'analyse tout.

Ce mental et ce cerveau sont en perpétuelle agitation, sans cesse à bouillonner. Au quotidien, je dois freiner le tout et tout contrôler. Pas trop d'expression, réfléchir, essayer de ne pas analyser tout ce qui se passe ou tout le monde. Cette analyse constante, les pensées en arborescence, la logique et tant d'autres me fatiguent et rendent parfois mon quotidien compliqué, m'empêchant de me concentrer sur le principal. D'ailleurs, lorsque j'écris de ces mots, je suis installée dans un café, j'entends la machine à café en fond, les commandes des clients, je sens l'odeur des oranges fraîchement pressées, j'entends les rires des filles à côté… et là, je suis bien. Mon cerveau est une petite machine qui cogite sur tout, écoute tout, analyse tout, et chaque partie a besoin d'être occupée afin que la petite partie qui doit travailler soit tranquille. « Oh, Audrina, mais c'est le bazar dans ta tête ! » Tu n'imagines pas. Parfois, je ne comprends pas moi-même le fonctionnement de mon cerveau. Et pourtant, il est là, avec moi.

Alors, lâcher prise, se détendre, penser à autre chose, devient vite vital pour moi et mon petit corps, sinon l'anxiété me gagne, telle un poison qui emplit peu à peu mon corps et mon esprit, et le bateau sombre. Alors, je recherche régulièrement des outils, des activités qui m'aident à me relâcher et à me détendre.

Récemment, la découverte plus approfondie de l'aquarelle fut une révélation pour moi. Étonnamment, mon cerveau se canalise lorsque je peins, pour ne se concentrer que sur ça. Les couleurs qui se mélangent, l'eau qui ruisselle, la magie qui opère. J'ajoute à cela un fond de musique très calme, et je sens qu'il se relâche. Parfois, cela ne dure que quelques minutes, et il s'active de nouveau, je dois de nouveau focaliser chaque partie de ma pensée afin qu'il puisse revenir se concentrer sur l'aquarelle…

Un jour, lors de vacances chez mes grands-parents chéris, en balade en bord de mer, avec le bruit assourdissant des vagues, les pelleteuses au loin, les mouettes, les enfants qui jouaient, tout ce bruit était bien trop puissant pour moi, mon cerveau allait exploser. Comment est-ce possible ? Parfois, il doit être stimulé puissance mille, et à d'autres moments, un cumul de bruits peut le faire exploser et me rendre mal, si mal. La mer… Alors que cet endroit m'apaise, il peut être source d'une grande tempête intérieure. Quelques mois plus tard, je suis retournée à la mer avec une amie, et je repensais à tout cela. Comment mon cerveau, cette hypersensibilité, allait-elle réagir, cette fois ? Était-ce un bon ou un mauvais jour ? Cette fois, je suis avec une nouvelle amie, rencontrée il y a peu, je suis à l'aise avec elle, moi-même, nul besoin de cacher cette sensibilité exacerbée, ou ce côté sorcière qui fait partie de moi.

Les plantes, depuis la nuit des temps, nous sont nécessaires, tant pour nous nourrir que pour nous soigner, nous embellir, etc. Nous avons appris à utiliser leurs mille et une vertus dans de nombreux domaines. Les plantes aromatiques ont très longtemps été estimées comme de nature divine.

La médecine de l'Égypte antique, notamment, considérait les plantes comme de réels outils médicaux. Certaines étaient utilisées comme drogues, comme les graines de pavot. L'anis, l'ail ou encore le safran étaient aussi très réputés et utilisés.

En médecine, dans la cuisine, dans les cosmétiques : les plantes sont partout !

Toutes les civilisations ont leurs pratiques, leurs habitudes et leurs connaissances sur les plantes qui nous entourent depuis tant d'années. En Chine, un empereur aurait testé des plantes sur lui afin d'en voir les bienfaits et méfaits. Certaines, qu'il approuvait, ont fini dans les préparations culinaires, et sont devenues des alicaments (« aliment dont la composition implique un effet sur la santé du consommateur »).

# CUISINE ET INTENTIONS

Le sais-tu ? Tu as déjà, très certainement, vu dans des grimoires de sorcières des noms d'ingrédients tel que « patte de corbeau », « bave de colombe » ou « poussière d'étoile ». Comme tu t'en doutes, ces noms ne sont pas les réelles appellations des ingrédients de la recette. Ces noms ne sont en réalité que des messages codés. Par exemple, le basilic pouvait être nommé « crapaud venimeux ». Ainsi, les recettes des sorcières ne pouvaient être déchiffrées que par celles et ceux qui en connaissaient les réelles significations, et de ce fait restaient inaccessibles aux curieux.

Dans ton grimoire de recettes, n'hésite pas à créer ton propre code !

# HERBES AROMATIQUES ET MESSAGES

Les herbes aussi ont leurs messages, n'hésite pas à en glisser dans tes rituels d'intentions et dans tes recettes magiques !

- Aneth : courage, calme et digestion
- Basilic : amour et meilleurs vœux, anti-infection, digestion, légèrement sédatif
- Bourrache : bravoure, diurétique, léger anti-inflammatoire
- Camomille : sagesse
- Cerfeuil : sincérité
- Estragon : sentiments longs
- Fenouil : puissance et endurance
- Laurier : accomplissement
- Marjolaine : joie
- Mélisse : sympathie et renouveau
- Menthe : rafraîchissement
- Persil : gaîté
- Rose : amour et succès
- Sarriette : intérêt

- Sauge : sagesse et longue vie
- Souci : tristesse et perte d'espoir
- Thym : audace et témérité
- Violette : dévotion et modestie

Lorsque je me balade en plein air, une brise qui caresse doucement mes cheveux, un rayon de soleil qui réchauffe petit à petit mes joues, une luminosité qui me plisse les yeux, un chant d'oiseau au loin qui réveille en moi un doux sentiment de communication avec ce qui m'entoure, je vis un réel moment de plénitude, d'éveil spirituel. J'observe les couleurs qui m'entourent, les formes des buissons, des arbres, les herbes jonchées au sol. J'examine de près les fleurs qui parsèment ce parterre.

Petite, j'avais réalisé un herbier pour l'école. Comme j'avais aimé ce rapprochement avec la nature ! Un moment de découverte et de connaissance. « Fraisier des sous-bois », « chardon », « bouton d'or », tant de noms aussi magiques que les plantes qui les portent ! Petite sorcière que j'étais, j'appréciais déjà connaître les plantes des bois, des sous-bois et des champs qui entouraient la maison, afin de savoir où les retrouver en cas de besoin. À cette époque, j'appréciais dessiner ces petites fleurs et en apprendre plus sur leur vie.

Avec l'âge, cette envie, ce besoin de reproduire un tel herbier était devenu une réelle obsession. Saison par saison, je voulais cueillir ou dessiner les plantes qui m'entouraient afin de savoir qui elles étaient. Nos ancêtres guérisseuses et sage-femmes connaissaient les mille et unes vertus de ces plantes communes, et les utilisaient pour leurs bienfaits et méfaits, en concoctions, en cataplasmes et de bien d'autres manières.

Je me souviens d'un après-midi de mon enfance, je jouais dans les bois avec mon petit frère et me suis écorché le genou. J'ai décidé de me faire un pansement d'herbes cueillies afin de « guérir » ma plaie. Outre le fait que j'aurais pu mettre une herbe toxique et empirer ma blessure, l'intention de guérir par les plantes était déjà présente !

Aujourd'hui, je me décide à recréer mon herbier magique, dans lequel je glisse les plantes les plus courantes, avec leurs vertus et méfaits. Mon herbier sera un cahier, un grimoire, dans lequel seront répertoriées ces plantes séchées. Les plantes aussi changent, grandissent, évoluent. Certaines demeurent, d'autres disparaissent. Un herbier peut être un puissant héritage de connaissances.

Attention cependant ! La nature est précieuse, certaines plantes et lieux sont protégés. Ainsi, avant toute coupe, assure-toi que ladite plante n'est pas protégée, que le lieu sur lequel tu te trouves n'est pas, lui aussi, protégé. La nature est une grande richesse, mais être sorcière et respectueuse, c'est faire les choses de manière raisonnée. Que tu utilises les plantes pour un herbier, tes rituels, tes fumigations, tes breuvages ou autres, le respect et la modération sont de mise.

Voici les règles d'or de la sorcière cueilleuse :

- toujours tu te renseigneras sur les plantes que tu cueilles, celles protégées, sensibles et interdites à la coupe ;
- jamais tu ne cueilleras de plantes protégées ;
- le strict nécessaire tu emprunteras à la nature. Une fleur, ou une quantité minime, tu prendras, la nature tu ne pilleras pas ;
- la nature toujours tu remercieras pour ce qu'elle t'offre ;
- une plante jamais tu ne cueilleras pour la jeter par la suite ;
- pour rendre à Mère nature ce que tu lui dois, les graines, tu sèmeras, le composte tu épandras ;
- une plante seule et isolée jamais tu ne cueilleras ou couperas.

Rends-toi en forêt, en sous-bois, dans une prairie ou un autre lieu de ton choix, munie d'un sac en tissus ou d'un petit carton dans lequel tu glisseras tes petites coupes.

Balade-toi en pleine conscience. Connecte-toi à ton environnement, à tout ce qui t'entoure.

À l'aide d'un petit sécateur ou d'une paire de ciseaux, coupe délicatement la plante ou la fleur que tu souhaites. Veille toujours, selon les règles d'or, à ne jamais couper une plante isolée, unique, dans un lieu sensible, ou elle-même protégée. Ne coupe que le strict nécessaire.

- Dépose cette découpe dans ton carton, délicatement, ou dans ton sac. Ne mets jamais les plantes dans un sac en plastique, elles risqueraient de s'abîmer. Ne les écrase et ne les étouffe pas. De même, veille à ne jamais couper une fleur ou une plante humide, après la rosée ou une averse. Cette dernière risquerait de pourrir et de moisir pendant le séchage.
- Une fois la promenade effectuée, remercie la nature pour ces cadeaux. Tu peux déposer en échange quelques graines de fleurs, de plantes ou de fruits.
- Une fois chez toi, prends délicatement tes plantes et pose-les, soit dans une machine à presse que tu possèdes, entre deux feuilles de journal ou de buvard, soit entre deux feuilles de journal, elles-mêmes glissées entre des gros livres qui serviront de presses. Laisse sécher environ deux à trois semaines.

### Séchage pour les rituels

Si les plantes qui sont destinées à finir dans ton herbier peuvent être séchées en presse, celles qui serviront à des rituels, en préparation magiques ou fumigation, pourront quant à elles être séchées en suspension : sur une branche de bois, avec de la ficelle de chanvre ou de coton, attache des bouquets peu denses, têtes en bas, pendant environ deux semaines.

### Astuce

Si tu souhaites faire sécher des fleurs, place-les à l'ombre, comme dans un garage ou une cave non humide, afin de conserver leurs couleurs.

Une fois les plantes sèches, récupère-les délicatement et place les dans ton herbier, ton cahier dédié à tes récoltes. Colle-les avec de la colle, évitons le scotch dont la colle est bien trop abrasive pour les plantes, et risque sur long terme de les détériorer.

Annote à côté :

- le nom de la plante ;
- la date de la récole ;
- le lieu précis où la plante a été recueillie ;
- des annotations complémentaires en ta possession : couleurs, odeurs, taille moyenne ;
- les méfaits et bienfaits connus de cette plante, notamment leur éventuelle toxicité.

Le tout peut être agrémenté de croquis ou d'autres éléments de ton choix.

**Plantes comestibles**

Les plantes récoltées à des fins culinaires ou pour des infusions doivent être auparavant nettoyées. Une fois sèches, elles devront être mises dans des bocaux hermétiques, à l'abri de la lumière et de l'humidité, et conservées plusieurs mois. Leur fraîcheur en dépend, leurs vertus aussi.

# Herbier

Grande ortie

Environ
50cm
de feuiles
urticantes

Famille
des
urticacées

Vert
foncé

Parc de
Vassivière
10/05/22
10h13

Urtica Dioica

Haute valeur nutritionnelle

Ralentit la chute des cheveux

Lutte contre l'acné, le psoriasis, l'eczéma

Lutte contre la fatigue, l'anémie due notamment aux règles abondantes

Prévient rhumatismes, arthrite et calculs rénaux

# REMERCIEMENTS

Un sourire s'esquisse sur mon visage.

« Remerciements », ô, comme ces deux dernières années ont été des plus enrichissantes pour moi. J'ai vécu des hauts et des bas. Des hauts magnifiques et des bas douloureux. Mais je ne regrette rien, absolument rien. La vie est ainsi, ma vie est telle.

Avant toute chose, c'est *toi* que je veux remercier, toi qui lis à cet instant ce journal, toi qui le tiens entre tes mains. Je veux te remercier, *toi* qui m'as soutenue dans mon travail, dans ma créativité. Toi qui m'as soutenue contre vents et marrées, contre angoisses et doutes. Je te remercie.

Je remercie toutes mes abonnées (principalement des femmes, alors je le mets au féminin !), toutes celles qui m'ont soutenue, envoyé des messages de remerciements à la suite du premier livre, celles qui m'ont envoyé des messages si chaleureux, me disant que j'étais rayonnante, sans se douter un seul instant que c'était elles, mes rayons de soleil. Je remercie toutes mes rencontres, celles qui sont venues en dédicaces, celles qui m'ont envoyé de l'amour en boîte, celles avec qui j'échange sur les réseaux, celles grâce à qui tout ceci est possible.

Merci aux éditions Kiwi de me faire une nouvelle fois confiance et de créer avec moi ce nouveau journal de vie.

En deux ans, j'ai fait des rencontres folles, et je me suis rendu compte d'une seule chose, unique et si puissante : un ami d'hier peut devenir un parfait inconnu, et une fille rencontrée en dédicace peut devenir une grande amie.

« Merci » : ce mot est si faible, et pourtant. Je remercie toutes mes amies. Mon sourire s'élargit lorsque je pense à elles. Les larmes me montent. Je repense à Petite Audrina, qui rêvait d'avoir des super copines, de vraies amies. Mais les déménagements incessants ont rendu les choses plus compliquées. J'ai 29 ans et je souris en pensant à chacune d'elles. Elles ne se doutent à aucun moment de tout ce qu'elles m'ont apporté, les unes autant que les autres.

Le remercie mes sœurcières. Ces femmes si merveilleuses, si fortes, si rayonnantes, sont mes inspirations quotidiennes, mon réconfort. Elles sont chaque rayon de mon soleil si brillant. Je suis rayonnante grâce à elles.

- Anaïs, ma meilleure amie, ma SDMA qui après toutes ces années est toujours ce macaron si doux de ma vie. Un thé, un rendez-vous, une naissance. J'ai tout traversé à ses côtés. Plus qu'une amie, une âme sœur… Merci, tu unis le tout, tu es indispensable à ma vie.
- Lucie, ma Lulu des îles, une abonnée, une rencontre, un thé, une amie. Je vous souhaite de rencontrer une

personne comme elle, ascendant Lion, aussi. Trouvez une personne avec qui vous refaites le monde durant des heures autour d'un thé.

- Fiona, ô, ma Fiona d'amour. Un rayon de soleil si puissant, lorsque vous l'apercevez au loin, votre visage s'illumine, vous êtes instantanément heureuses et heureux. Ma vie ne serait pas la même sans elle, elle m'a fait grandir…
- Sarah, une rencontre dans un jacuzzi après une rupture, et nous voici ensemble dans les gorges du Verdon. À elle qui me soutien malgré mes angoisses, à elle qui s'est livrée si vite avec confiance, à elle qui est ma partenaire de sushis et de soirée cartes.
- Anaïs, une dédicace, une discussion qui n'en finit pas, un rendez-vous le lendemain, une petite sœur et un album jeunesse. C'est cette sœurcière avec qui je ris, je discute, je sors, je me livre. C'est une fleur des Caraïbes qui orne le sourire de mon visage.
- Auriane, parce qu'une « collègue » de dédicace peut devenir cette amie qui écoute, comprend, soutien et conseille. Cette sœurcière sensible avec qui vous riez si fort.
- Mélina, parce qu'il n'y a rien de plus inspirant et réconfortant au monde qu'un coco matcha fait à la perfection par une femme extraordinaire, qui m'a motivée et m'a aidée à créer des journées magiques au café.
- Johanna, parce que nous avons tous besoin d'un coup de peps dans notre vie, de ce petit truc jaune

qui met du piment. Johanna, mon petit citron. C'est parfois loin des yeux que le cœur prend le relais…

- Anaïs, « youhouuu », parce qu'un mot, une image, peuvent vous donner le sourire immédiatement et enlever toutes les idées négatives de vos têtes. Parce que visiter des monuments devient relaxant et doux

Toutes ces femmes de ma vie, mes sœurcières, ont toutes cette petite chose qui les rend magiques, uniques, elles sont puissantes et rayonnantes. Elles font pour moi bien plus qu'elles ne le pensent ! Merci.

Mais ma vie, et vous le savez, ne serait rien sans lui, sans toi… Mon Daddy. Connu de tous et toutes, il est ce socle, ce pilier. Mes larmes coulent déjà. Bon sang… J'aimerais lui clamer mon amour et ma reconnaissance.

Toutes mes étapes de vies, toutes mes blessures, Papa, tu les as entendus et pansées avec amour, les mots ne seront jamais assez forts pour te clamer ma gratitude. Je remercie tous les jours l'univers de t'avoir mis sur mon chemin. Le sang qui coule dans mes veines n'est rien, mon cœur bat au rythme du tien, ma famille, c'est toi, mon guide de vie, c'est toi, Papa, mon Daddy, tu es mon tout. Merci de faire de moi la femme rayonnante que je suis aujourd'hui.

Je souhaite à chaque personne d'avoir ou de trouver cette personne qui saura vous aimer. Qu'importe le lien du sang, les liens du cœur sont plus forts que tout. Il est cette âme si précieuse à ma vie. Entendre sa voix au bout du fil me soulage instantanément, ses bras autour de moi me rassurent, sa voix me réconforte, ses mots me motivent.

« Tout le monde peut être père, mais tout le monde ne peut pas être un papa », je rajouterais même : très rares sont ceux qui peuvent être un Daddy.

Merci, Daddy, je t'aime.

Dépôt légal : octobre 2022

Achevé d'imprimer en octobre 2022
par Dupliprint à Domont (95)
N° d'impression : 2022102124

*Imprimé en France*